Die Staatsflagge Luxemburgs mit den großherzoglichen Initialen

Zeichenerklärung für den Autoatlas

Verkehr

Autobahn (mit Anschlußstelle)	13
Im Bau – geplant	
Rasthaus mit – ohne Übernachtung, Tankstelle	
Vier- oder mehrspurige Straße (ein- oder zweibahnig)	
Im Bau – geplant	
National-, Staats-, Bundesstraße – im Bau – geplant	
Wichtige Hauptstraße	
Hauptstraße	
Nebenstraße	
Fahrweg (nur bedingt befahrbar)	
Autobahn- und Straßennumerierung	A 4 A 9 60 14 12 N 53 50
Europastraßen	E 1
Steigung	10%
Kilometrierung an Autobahnen	30 75 45
Kilometrierung an übrigen Straßen	30 75 45
Hauptbahn (mit Bahnhof)	
Nebenbahn (mit Haltepunkt)	
Autofähre an Flüssen	
Touristenstraße	
Landschaftlich schöne Strecke	
Flughafen – Flugplatz – Segelflugplatz	

Sehenswürdigkeiten

Wo gibt es was?-Hinweis	
Besonders sehenswerter Ort	CLERVAUX
Sehenswerter Ort	Ettelbruck
Sehenswertes Bauwerk	*Meysembourg*
Sonstige Sehenswürdigkeit	* *Parc Merveilleux*
Botanischer Garten	
Zoologischer Garten – Wildgehege	
Naturpark – Naturschutzgebiet	
Aussichtspunkt	
Burg, Schloß – Ruine	
Kloster – Ruine – Kirche – Kapelle – Denkmal	
Turm – Funk- oder Fernsehturm	

Freizeiteinrichtungen

- Alleinstehendes Hotel oder Gasthaus
- Motel
- Jugendherberge
- Campingplatz ganzjährig – nur im Sommer
- Schwimmbad – Heilbad

Sonstiges

- Staatsgrenze
- Provinz-, Departement-, Landesgrenze
- Grenzübergang, durchgehend offen
- Grenzübergang, nachts geschlossen
- Wald

Land in Eu

Die Stadt Luxemburg hat dem Land den Namen gegeben. In der Geschichte dieser Metropole mit ihrer vieltürmigen Stadtkrone, im Herzen (West-)Europas gelegen, spielten viele Völker des Kontinents eine (meist unrühmliche) Rolle. Die Internationalität des heutigen Luxemburg wird dagegen begrüßt: Ein großer Teil der europäischen (Gemeinschafts-) Institutionen ließ sich hier nieder – und zwar mit einem weiten Blick auf ein attraktives ›Museumsstück‹, auf die einst ›stärkste Festung Europas‹.

Foto: Vieltürmig über der Festung das alte Luxemburg.

pas Mitte: Luxemburg

Hellef mat, puzzel mat!
ANQ E

Rückgrat der luxemburgischen Wirtschaft waren die Eisenhütten und Erzgruben, eine Industrie mit Weltgeltung. So lag es nahe, die luxemburgische Hauptstadt 1952 zum provisorischen Sitz der Montanunion, der Europäischen Gemeinschaft für Kohle und Stahl, zu machen – zumal sich die sechs Partner auf keine der anderen Hauptstädte einigen konnten. Zehn Jahre später entstand auf dem Kirchberg das Europäische Zentrum, und Luxemburg wurde zu einer der drei Hauptstädte der Europäischen Gemeinschaft. Gleichzeitig entwickelte sich die Stadt zu einem internationalen Bankenplatz.

Foto: Im Luxemburger Boulevard Royal mußten viele alte Patrizierhäuser modernen Bankpalästen weichen.

Luxemburg ist in zwei natürliche Landschaften geteilt: Im Süden liegt das fruchtbare, bereits frühzeitig besiedelte Gutland, und nördlich der Linie Diekirch – Martelange steigt das noch weitgehend bewaldete Ösling auf, die Luxemburger Ardennen. Burgen riegeln es gegen das Gutland ab. Sie stehen hoch über den tief eingeschnittenen Flußtälern. Oberhalb von Esch ist – wie in der Nähe von Vianden der Fluß Our – die Sauer zu einem fast 20 Kilometer langen See gestaut. Das größte Trinkwasserreservoir des Landes ist dabei fast ›natürlich‹ in die Landschaft eingepaßt. Aus dem einsamen Hochland von einst, das seine Bewohner verließen, wurde eine vielbesuchte Ferienregion.

Foto: Fjordartig die Landschaft am Obersauer-Stausee.

Eisen wurde in Luxemburg schon im Altertum geschmolzen. Aber erst die (Wieder-)Entdeckung der eisenhaltigen Roten Erde an der Grenze zu Lothringen eröffnete in der zweiten Hälfte des 19. Jahrhunderts Luxemburgs Industriezeitalter. In kurzer Zeit wuchsen im Revier einfache Bauerndörfer zu Industriestädten. Den schier unaufhaltsamen Aufstieg bremste nach dem Rekordjahr 1974 jedoch schlagartig die weltweite Stahlkrise. Seitdem wird auch in Luxemburg der sogenannten Mittelindustrie mehr Bedeutung zugemessen.

Foto: Die Usine Belval in Soleuvre repräsentiert noch die Schwerindustrie der ›guten‹ Zeit.

AGENCE IMMOBILIERE
DE L'EST
Braun

An der ›Oktave‹, der vierzehntägigen Wallfahrt im Mai zu Unserer Lieben Frau von Luxemburg, oder an der Echternacher Springprozession am Pfingstdienstag nehmen nicht nur die ›Lëtzebuerger‹ teil. Es kommen auch die Nachbarn – aus jenen Regionen Deutschlands, Frankreichs und Belgiens vor allem, die einmal zu Luxemburg gehörten, als das Land viermal so groß wie heute war. Eine ähnliche Anziehungskraft hat nur noch die Schobermesse, Kirmes der Hauptstadt im Spätsommer und ältestes Fest im Großherzogtum.

Foto: Jahrhundertealte Tradition hat die Echternacher Springprozession.

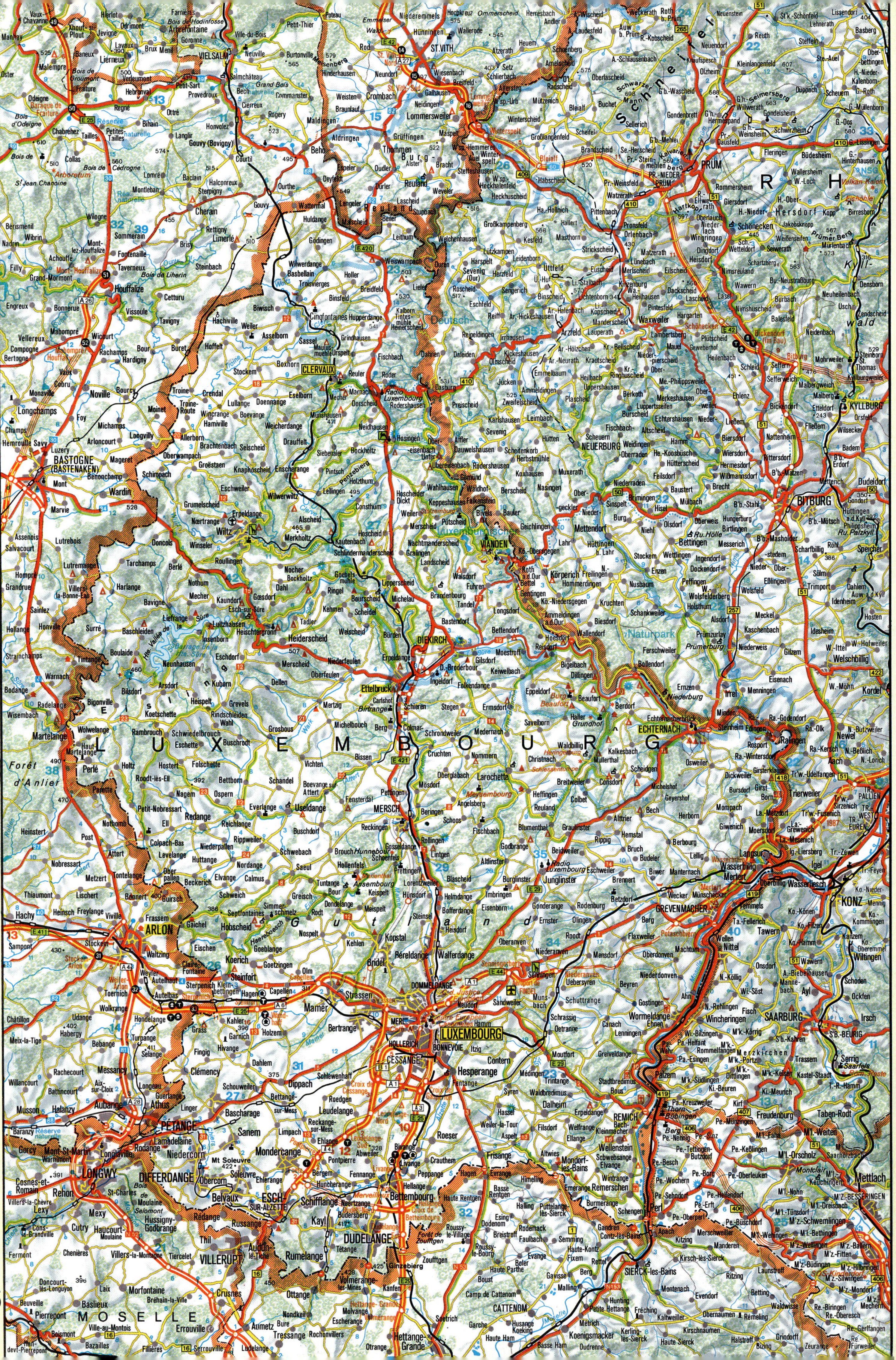

Maßstab 1:350.000
0 2 4 6 8 10 km
16

Wo gibt es was?

Luxemburg

Drei Dreiländerecken – im Südosten zur Bundesrepublik Deutschland und Frankreich, im Südwesten zu Frankreich und Belgien, im Nordosten zu Belgien und der Bundesrepublik – markieren deutlich die Mittellage Luxemburgs (Lëtzebuerg auf luxemburgisch).
Das Großherzogtum ist rund 2586 Quadratkilometer groß (maximale Ausdehnung Nord-Süd 82, Ost-West 57 Kilometer) und zählt zur Zeit – in zwölf Kantonen – rund 365000 Einwohner (davon 26 Prozent Ausländer, die den heimischen Geburtenrückgang ausgleichen). Das sind durchschnittlich 141 Einwohner auf den Quadratkilometer.
Dabei stehen großen Ballungsräumen im Süden und in der Mitte (68 Prozent der Gesamtfläche) bevölkerungsarme und noch immer von Landflucht bedrohte Landstriche im Norden (32 Prozent) gegenüber, die allerdings zu bevorzugten Fremdenverkehrs- und Freizeitgebieten geworden sind. Knapp die Hälfte des Landes wird landwirtschaftlich genutzt (Wiesen und Weiden überwiegen), nicht ganz ein Drittel bedeckt Wald.

Land und Landschaften

Zwei Großlandschaften prägen Luxemburg: Ösling und Gutland. Das Ösling im Norden gehört, im Verbund von Eifel und Ardennen, zum Rheinischen Schiefergebirge, hat aber seine eigene unverwechselbare ›lëtzebuergesche‹ Atmosphäre. Der höchste Punkt liegt bei Huldange: die ›Buurgplaatz‹ (559 m). Typisch für das südliche Ösling sind die tief eingeschnittenen Täler zwischen Vianden und der belgischen Grenze. Wald herrscht noch immer vor, leider nicht mehr der Mischwald von früher mit seinen Eichen und Rotbuchen; Nadelhölzer breiten sich aus.
Das Gutland (im Französischen Pays Gaumais genannt), das gute, das fruchtbare Hügelland – lothringische Schichtstufen, die sich sanft nach Osten und Südosten zur Trierer Bucht neigen –, nimmt den größten Teil Luxemburgs ein. Seine mittlere Zone wird vom Plateau des Luxemburger Sandsteins gebildet, der äußerste Süden war einmal reich an (kleinen) Erzen, der Minette. Als dritten Naturraum läßt man gern das Moseltal gelten. Das macht das fast geschlossene Weinbaugebiet. Wasserbillig markiert den tiefsten Punkt (129 m). Our, Sauer und Mosel bilden Luxemburgs Grenze im Osten; aber sie riegeln das Land nicht ab, sie weisen weiter, die Natur ändert sich nicht am anderen Ufer.

10000 Jahre Geschichte

Vorgeschichte ›spielt‹ nur im Gutland, das gleich nach der letzten Eiszeit steinzeitlichen Jägern Lebensraum bot. Später dann, vor und um die Zeitenwende, hatten die keltischen Treverer auf dem Titelberg ihr Oppidum. Mit (dem römischen Feldherrn und Eroberer) Cäsar begann im ersten vorchristlichen Jahrhundert die rasche Romanisierung. Das Tal der Mosel war der aktivste Raum. Im 5. Jh. setzte die fränkische Landnahme der Herrschaft der Römer ein Ende. 698 gründete der Angelsachse Willibrord von Utrecht aus die Abtei Echternach. Sie prägte bis ins ausgehende Mittelalter das religiöse, wirtschaftliche und kulturelle Leben im Ösling wie im Gutland.
Die Stadt Luxemburg selbst wurde 963 von dem Ardennergrafen Siegfried gegründet. Sie wurde zum Mittelpunkt der neuen, ständig sich vergrößernden Grafschaft und des späteren Herzogtums (ab 1354). Vier Luxemburger bestiegen den deutschen Kaiserthron: Heinrich VII., Karl IV. und dessen Söhne Wenzel II. und Sigismund. Aber schon 1443 war es mit der Selbständigkeit des Herzogtums vorbei. Die lange Zeit der Fremdherrschaft begann: Burgund, Spanien, Frankreich, Österreich und abermals Frankreich; sie dauerte bis ins 19. Jh. Dreimal (1659, 1815 und 1839) wurde das Land geteilt, das einst viermal so groß war wie heute. 1815 machte man es zu einem deutschen Bundesstaat, 1839 kam es in Personalunion zu den Niederlanden. Erst 1867 wurde es selbständig, blieb aber bis 1919 im Deutschen Zollverein.
Die beiden Weltkriege brachten die deutsche Besatzung und vor allem am Ende des Zweiten Leid und Zerstörung. ›Erst in der Europäischen Gemeinschaft‹, sagte Großherzog Jean 1986 bei der Verleihung des – von der Stadt Aachen für besondere Verdienste um die europäische Bewegung vergebenen – Karlspreises an das Luxemburger Volk, ›findet Luxemburg seine Sicherheit... Hoffnung mag am Platze sein.‹

Aspekte der Wirtschaft

›Luxemburg ist eine Gabe des Eisens, so wie Ägypten ein Geschenk des Nils ist‹: Noch Mitte des 19. Jh. war das Großherzogtum ein Agrarland, die zweite Hälfte brachte die erste industrielle Revolution durch die Nutzung der Erzlager im Südwesten und den Aufbau einer modernen Eisen- und Stahlindustrie. Sie bildete – eine zweite ›Revolution‹ nach dem Zweiten Weltkrieg gipfelte 1974 in der Herstellung von fast einem Prozent der Weltrohstahlproduktion durch die Arbed (Aciéries Réunies de Burbach-Esch-Dudelange) – die Grundlage der Luxemburger Wirtschaft. Seitdem schwelt aber auch weltweit die Krise und veranlaßt regional den tiefsten Wandel. Um 1990, hofft man, dürfte die Mittelindustrie der Schwerindustrie die Waage halten.
Von Luxemburg als Bankplatz und Steueroase heißt es, es sei ›ein Glücksfall für Europa‹. Was Wunder, daß aus 13 Niederlassungen 1955 bis 1986 114 Institute wurden – von der vatikanischen ›Banco di Santo Spirito‹ bis zur ›Bank of China, Pékin‹; die Hitliste führen die deutschen Banken an. Am Boulevard Royal in der Hauptstadt residiert der ›Glücksfall‹.

Kultur in Stadt und Land

Ohne Zweifel, die Mischung von Romanischem und Germanischem (und Jahrhunderte der Fremdherrschaft dazu mit wechselnden neuen Einflüssen) entwickelte zuletzt doch ihre eigene luxemburgische Qualität. Die Anfänge liegen in Echternach, dessen Abtei lange das einzige kulturelle Zentrum der Region war und deren Buchmalerei weit über die Region hinaus Schule machte. Ein wenig von diesem Image hat sich die Stadt noch erhalten mit der Springprozession und dem Internationalen Musikfestival, dem bedeutendsten des Landes neben den älteren Festspielen von Wiltz.
Kultureller ›Umschlagplatz Nr. 1‹ ist heute die Hauptstadt. Charakteristisch die dreisprachigen Programme des Neuen Stadttheaters und der Kleinkunstbühnen sowie die ausländischen Kulturzentren (darunter die deutsche Thomas-Mann-Bibliothek). Esch-sur-Alzette bietet mit Theater, Kunstgalerie und Kulturfabrik die lebendigste Alternative dazu. Museen gibt es über zwanzig im Land, von den Staatsmuseen in Luxemburg bis hin zur weltberühmten Fotosammlung ›The Family of Man‹ in Clervaux.
Und die wohl originellste Kulturleistung heute: 20000 Luxemburger betreiben aktiv Musik.
Nicht zuletzt: Luxemburg ist dreisprachig. Das französisch-deutsche Zweisprachensystem findet seinen Niederschlag in der weitgehend deutschsprachigen Presse sowie im zum großen Teil französischsprachigen politischen, kulturellen und religiösen Leben. ›Untrüglicher Prüfstein seiner Eigenart‹ ist jedoch die Umgangssprache, eine fortentwickelte moselfränkische Mundart: das ›Lëtzebuergesche‹. Es wird, bis zum Großherzog, von jedermann gesprochen. Seit 1984 ist es Nationalsprache.

Brückensc

Auf einem Stein nahe den als ›Jahrtausenddenkmal‹ restaurierten Ruinen der alten Lützelburg – der ›Kleinen Burg‹ – auf dem Bockfelsen wird Goethe zitiert, der im Jahr 1792 während der ›Campagne in Frankreich‹ Luxemburg erlebte: ›Hier findet sich so viel Größe mit Anmut, so viel Ernst mit Lieblichkeit verbunden…‹ Ein Stück von alldem hat sich Luxemburg auch heute noch bewahrt, manchmal im wunderlichsten Kontrast von moderner Metropole und winkliger Kleinstadt.

Foto: Blick aus dem Grund an der Alzette zur Festung und Altstadt.

äge in der Hauptstadt

△ Mit dem Blick auf das Großherzogliche Palais: . . .

△ Das Hauptportal der Luxemburger Kathedrale und der Sarkophag Johanns des Blinden in ihrer Krypta ▽

. . . Wilhelm II. auf dem Wilhelmsplatz ▽

△ Postkartenmotiv: Großherzogliche Familie

Erker am Fischmarkt ▽

Ein Gelegenheitsgedicht wurde zum Nationallied

Am 4. Oktober 1859 fuhr vom Bahnhof der Stadt Luxemburg – er war noch aus Holz, der jetzige konnte erst 1912, rund 50 Jahre nach Schleifung der Festung, errichtet werden – der erste Eisenbahnzug ins Ausland ab. Ein Grund zum Feiern. Der Dichter Michael Lentz verfaßte die Festkantate: ›De Feierwon‹ (Der Feuerwagen). Sie erklang am Abend desselben Tages vor dem Rathaus, in der Schlußstrophe mit dem Aufruf: ›Mir wölle bleiwe wat wir sin‹ (Wir wollen bleiben, was wir sind). Spontan fand der Refrain Widerhall, Luxemburg hatte sein Nationallied ... Das, versteht sich, vor allem dann mit Stolz und Trotz gesungen wurde, wenn man seine Unabhängigkeit bedroht sah. Die Nationalhymne stammt ebenfalls von Lentz: ›Ons Hémecht‹ (Unsere Heimat).

Die Odyssee des toten Königs

Vier deutsche Kaiser kamen aus Luxemburg, das 14. war ihr Jahrhundert. Aber im Gedächtnis der Luxemburger hielt sich keiner so wie der blinde König (von Böhmen) Johann. Er ist ihr letzter ›romantischer Ritter‹.
Johann fiel 1346 in der Schlacht von Crécy in Nordfrankreich und wurde in der Altmünster-Abtei zu Luxemburg begraben. 1542 riß man diese ab, die Überreste des toten Königs überließ man vorübergehend den Franziskanern und verbrachte sie dann in das Neumünster der Benediktiner. Bei der Belagerung von 1684 geriet das Neumünster in Brand, auch Johanns Grab wurde beschädigt, die Gebeine konnten aber zum größten Teil gerettet und in der wiedererrichteten Kirche (nunmehr ›St. Johann auf dem Stein‹) erneut beigesetzt werden. 1747 erbaten und erhielten böhmische Truppen Partikel ihres Königs.

Als ›Umzugsgut‹ ins Saarland

Fünfzig Jahre später flohen in der Französischen Revolution die

△ Der Goethe-Stein vor St. Michael

△ Wilhelmsplatz

Luxemburgs ›Wall Street‹: Boulevard Royal ▽

Fuchs-Denkmal für den Dichter des Nationalepos ›Rénert‹ ▽

△ Ein Grab, an dem gelacht werden darf

△ Die Adolphe-Brücke über dem Petrußtal

›Brückenkopf‹ im Bahnhofsviertel: die Staatssparkasse ▽

Mönche und vertrauten den toten König einem Bäcker an, der ihn vier Jahre auf einem Speicher versteckt hielt und ihn dann dem Fabrikanten Boch vermachte. Dieser nahm die Gebeine 1809 als ›Umzugsgut‹ nach Mettlach (im heutigen Saarland) mit und verbarg sie abermals, 24 Jahre lang, in einer Mansarde.
1833 erbat sich bei einem Besuch Kronprinz Friedrich Wilhelm von Preußen, der ›Romantiker auf dem Königsthron‹, den Sarg und ließ durch seinen Oberbaudirektor Schinkel saarabwärts die Klause von Kastel als Grabkapelle umgestalten. Von dort holten 1946 die Luxemburger ihren toten König wieder heim. In der Krypta der Kathedrale in seinem alten Sarkophag von 1688 fand der Ruhelose seine (letzte?) Ruhestatt.

Das Grab des ›Hauptmanns‹
Er war ein besonderer Hauptmann, und alte Luxemburger erinnern sich noch an ihn: Wie er in grauem Armeemantel, die Soldatenmütze auf dem Kopf, in Verlorenkost spazierenging. Wegen ›unerlaubten Tragens einer Uniform‹ wurde er im August 1914 denn auch beim Einmarsch der deutschen Truppen verhaftet, bald aber wieder freigelassen.
So etwas kannte er bis zum Überdruß. Acht Jahre vorher hatte man ihn schon einmal verhaftet, weil er ›unbefugt eine Uniform getragen und unbefugt Handlungen vorgenommen hatte, welche nur kraft eines öffentlichen Amtes vorgenommen werden dürfen‹, hatte ihn dafür zu vier Jahren Gefängnis verurteilt, aber immerhin nach zweien begnadigt: Wilhelm Voigt, den ›Hauptmann von Köpenick‹.
1922 ist er in Luxemburg gestorben. Für sein Grab auf dem Liebfrauenfriedhof stiftete 1961 der Zirkus Sarrasani einen Stein. Mitte der siebziger Jahre sorgten Abgeordnete im Europäischen Parlament unter vielen anderen für die unbegrenzte Verlängerung des Grabrechts. Ein neuer Stein (mit einer preußischen Pikkelhaube) wurde gesetzt. Und auf einem ›Luxemburger Friedhof

△ ›Gibraltar des Nordens‹: das große Modell der Festung Luxemburg im Rathskeller

Das ›Jahrtausenddenkmal‹ Bockfelsen ▽

△ Festung: ›Österreichische Treppe‹ und ›Spanisches Türmchen‹ ▽

△ Kunst und Natur: die Schloßbrücke ... ... über den Bock-Kasematten im Fels ▽

Fort Thüngen: die 1839 errichteten ›Drei Eicheln‹ ▽

entstand‹, wie es in einem Streiflicht der Süddeutschen Zeitung vom 27./28. September 1975 hieß, ›Deutschlands einzige ›Nationale Gedenkstätte‹, an der offen gelacht werden darf‹.

Risse, Kontraste, Brücken

Durch die Stadt Luxemburg geht ein Riß, ein sehr tiefer sogar, aber der Riß macht (auch) den Reiz aus. Diesen Reiz erhöhen die Brücken, die die Ränder des Risses verklammern: 110 sind es zur Zeit.

Den Riß, eigentlich sind es zwei, bilden die Täler von Alzette und Petruß, und sie trennen droben die seriöse Altstadt vom neureichen Bahnhofsviertel und vom europäischen Kirchberg und diese hinwiederum von den alten Unterstädten Grund, Pfaffenthal und der Vorstadt Clausen. Die Brücken betonen und bringen die Kontraste der Stadt zusammen. Ohne ihre Brücken – die gigantischen modernen Viadukte droben, die befestigten alten Stege drunten – wäre die Stadt nichts. Die älteste, die Fallgatter-Brücke im Wehrgang ›Maierchen‹ im Grund, wurde um 1390 erbaut. Die ›Nei Bréck‹, die steinerne Adolphe-Brücke (46 Meter hoch und 211 Meter lang), stammt von 1903. Sie öffnet mit dem rund 40 Jahre älteren Viadukt, der ›Passerelle‹, die Oberstadt über die Petruß nach Süden. Ihren Superlativ mußte sie 1965 allerdings abgeben, an den ›Wegweiser nach Europa‹: die stählerne Großherzogin-Charlotte-Brücke (85 Meter hoch und 355 Meter lang) über die Alzette auf das Kirchbergplateau. ›Roud Bréck‹ nennen sie die Einheimischen ihrer roten Farbe wegen.

Ein Irrgarten der Militärs

Rund 10000 Quadratmeter Festung sind erhalten, ein (noch immer phantastischer) Rest vom ›Gibraltar des Nordens‹, wie Luxemburgs Ehrentitel einmal war. Anderthalb Hektar betrug im Jahr 965 das Areal auf dem Bockfelsen, das die erste Ringmauer, vom Tor der ›Drei Türme‹ bis zur ›Hällepuert‹ (Höllentor), umschloß. 900 Jahre später, als man

△ Hinunter ins Petrußtal, nach Grund unterhalb der Michaelskirche, . . .

. . . führt die steile ›Montée du Grund‹ ▽

△ 600jährig: Maria in ›St. Johann auf dem Stein‹ ▽

△ ›Stierchen‹, eine ehemals befestigte Alzettebrücke

Heilig-Geist-Zitadelle über der Alzette ▽

In den Farben des Felsens: Quirinuskapelle im Petrußtal ▽

mit der Schleifung der Festung begann – sie dauerte 16 Jahre und kostete über 1,5 Millionen Goldfranken –, hatte die ›Verkettung unübersehbarer Bastionen, Redouten, halber Monde und solches Zangen- und Krakelwerk‹, wie Goethe es 1792 sah, eine Ausdehnung von rund 180 Hektar (bei nur 120 der Stadt). Die unterirdischen Einrichtungen – die Galerien und Minengänge mit ihren 4500 Minenöfen, die Treppen und Kasematten – erstreckten sich über 23 Kilometer, 20 sind heute noch zugänglich, fast eine Tageswanderung! Und von den 23 Toren blieben zwölf.
Luxemburger Kontraste: Aus dem Bockfelsen wurde das ›Jahrtausenddenkmal‹, aus der ›Corniche‹, vom Eingang der Bock-Kasematten bis zum Heilig-Geist-Plateau, der ›Schönste Balkon der Welt‹. Strahlt man sie des Abends zudem noch an, geht es friedlicher nimmer.

Die Unterstädte im Grund

Die älteste Unterstadt ist Grund. Hier unterm Bockfelsen soll Graf Siegfried seiner Melusine begegnet sein, einer legendenhaften Gestalt, halb Frau, halb Fisch. Niemand hat sie je wieder gesehen. Doch alle sieben Jahre biete sie Gold und andere Schätze an, in ganz besonderen Nächten... Hier unten an der Alzette hausten des Grafen Bauleute. Deren Nachbarn wurden Gerber, Müller, Wollschläger und Färber. Heute halten die ›Friemen‹ (Fremden), Portugiesen vor allem und Italiener, die alten Vorstädte am Leben. Das sieht mitunter zwar malerisch aus, aber Sanierung ist notwendig, auch wenn irgendeine Nostalgiewelle die Touristenströme hierher nicht so verschwenderisch schwemmt.
Ein besonderer Menschenschlag wuchs im Grund, in Clausen und im Pfaffenthal schon immer heran. Die Solidarität derer drunten, denen die droben das Licht verstellten, trug dazu bei. Vielleicht sind gerade deswegen Luxemburgs Kneipen hier am gemütlichsten. Was auch am liberalsten heißt, zumindest.

△ Auf den Kirchberg getürmt: das Europazentrum . . . . . . mit Kunst (von Henry Moore) am Bau ▽

△ ›Hemicycle‹, das neue Konferenzgebäude mit Platz für 670 Abgeordnete im Plenarsaal ▽

△ Robert Schumans Geburtshaus in Clausen

Schwimmhalle ›für Europa‹ ▽

Buchstäblich eine Brücke nach Europa: die Großherzogin-Charlotte-Brücke zum Kirchberg ▽

Luxemburg europäisch

Das Großherzogtum ist nicht nur Mitglied der Europäischen Gemeinschaft, seine Hauptstadt ist, zusammen mit Brüssel und Straßburg, auch eine der europäischen Kapitalen. Keine zwei Kilometer vom Stadtzentrum entfernt hat diese auf dem Kirchberg unter dem modernistischen Wahrzeichen des beachtliche 82 Meter hohen Europa-Hochhauses seit 1966 auch ihr eigenes Zentrum. Zu der stattlichen Versammlung von Institutionen gehören das Sekretariat des Europäischen Parlaments, der Gerichtshof der Europäischen Gemeinschaft, der Rechnungshof, der Sitz der Europäischen Investitionsbank, das Jean-Monnet-Haus mit Dienststellen der Kommission und auch die Europaschule, symbolisch wie ein E gebaut.

Alles ist das allerdings noch nicht. Es gibt noch das Messegelände und Großhotels dazwischen und – nach soviel Polit- und Wirtschaftsbetriebsamkeit – wenigstens ein paar Plätze, wo man (wie in der Olympischen Schwimmhalle) seinen Freizeiten frönen kann und – sozusagen direkt vor der Tür – den ›Gréngewald‹, den Grünewald, als grüne Zuflucht hat.

Der Mann der ersten Stunde

Bereits 1952 war Luxemburg zum provisorischen Sitz der ersten übernationalen europäischen Gemeinschaft (für Kohle und Stahl) gewählt worden. Zu den Männern dieser ersten europäischen Stunde gehörte ein 1886 in Luxemburg geborener Lothringer, der während des Ersten Weltkrieges deutscher Offizier war, im Zweiten als französischer Staatssekretär in Paris verhaftet wurde, aus der Gefangenschaft entfliehen und sich dem Widerstand anschließen konnte und schließlich wieder (französischer) Minister wurde, Ministerpräsident sogar: Robert Schuman. Sein Geburtshaus steht zu Füßen des Kirchbergs in Clausen, sein Denkmal – wie auch anders – an der Einfahrt zum Europazentrum.

△ Neue Bühne in altem Kloster: ›Théâtre des Capucins‹

△ Im Staatsmuseum: Gallo-römische Abteilung mit reicher Ausstattung . . . . . . und eine Küche in der Volkskundlichen Sammlung ▽

△ ›Untergrund‹-Spiele: Kasemattentheater

△ Kutters ›Blick auf die Altstadt‹

△ Kunst im Grünen: modernes Konservatorium und herrschaftliche Villa Vauban mit Pescatore-Sammlung ▽

Luxemburg zwischen Kabarett, Kirmes und Küche

Klein, aber Bürger‹, sagte sich Anfang der achtziger Jahre doppelsinnig ein Luxemburger Lehrer und ging auf die Kellerbühne des hauptstädtischen Theaters, um Kabarett zu machen. Politisches Kabarett, das sich als Aufklärung mit satirischen Mitteln verstand: über die allzu ›klein-(luxem)bürgerliche‹ Auslegung der ›Mir wölle bleiwe wat mir sin‹-Devise mancher seiner Landsleute zum Beispiel.

Das Ein-Mann-Unternehmen stand bereits in einer kleinen Tradition. Der früh verstorbene Schauspieler Tun Deutsch hatte diese begründet, mit seinem Kellertheater, das – was lag bei 20 Kilometer ›Untergrund‹ in der Festung näher – ein ›Kasemattentheater‹ war. Sein Erfolg ermunterte zu neuen Experimenten. Neue Truppen versuchten es abwechselnd mit deutscher Kleinkunst, dem französischen Café-Cabaret oder ›lëtzebuergeschen‹ Revuen. Im Süden entfachte die Escher ›Theater GmbH‹ einen wahren Boom.

In der Hauptstadt brachten es nur wenige Ensembles – die »Artscène« am Fischmarkt oder die »Theaterstuff« auf dem Limpertsberg gehören dazu – auf mehr als zwei oder drei Programme. Was wenig besagt. Es gilt schon als Faustregel: Wer in diesem Jahr Schluß macht, feiert spätestens im übernächsten wieder fröhlich Urständ. Das Kabarett, das auch in Luxemburg manchmal gern totgesagte, hat ebendort auch seine immer neue Chance. Eulenspiegel wohnt noch immer im Grund.

Die größte Kirmes im Land

Vor dem Eingang der ›Grouss-gaass‹, der Grand'Rue, steht der ›Roude Pëtz‹, der Rote Brunnen. 1741 war er von der österreichischen Militärverwaltung 64 Meter tief in den Felsen gesprengt worden. Zwei Soldaten bedienten seinerzeit sein Tretrad, es beförderte mit Eimern das Wasser

△ Musen und Muße: Freiluftgalerie vor dem ›Hämmelsmarsch‹-Brunnen auf dem ›Roude Pëtz‹

△ Adolphe-Brücke: Feiertags-Feuerwerk

△ Place d'Armes: Abendliches Jazzkonzert . . .

. . . und Flohmarkt in der Guten Stube der Hauptstadt ▽

Gemütlicher Treffpunkt: Place d'Armes ▽

Sport im Alzette-Tal: Rollski ▽

herauf. 1867 verschwand der ›Roude Pëtz‹, aber der Name blieb erhalten, auch als man ihm 100 Jahre später den bronzenen ›Hämmelsmarsch‹ überstülpte. Den ›Hämmelsmarsch‹ kennt in Luxemburg jedes Kind. Denn mit ihm wird Ende August das größte Luxemburger Volksfest auf dem Glacis-Feld eröffnet: die ›Schueberfouer‹, die Schobermesse. Mit dem Zug der ›Hämmel‹, der Hammel, quer durch die Stadt und der passenden Begleitmusik dazu, eben dem ›Hämmelsmarsch‹. Was dann folgt, die vierzehntägige Angelegenheit, die Kirmes im Quadrat, hat – zwischen ›kannibalisch wohl‹ und ›paradiesisch‹ – Breughelsche Dimensionen. Die ›Schueberfouer‹ ist alt: 1340 wurde sie von Johann dem Blinden ins Leben gerufen. 1975 wurde ihm dafür ein Denkmal gesetzt – von den ›dankbaren Schaustellern‹.

Ein Platz verwandelt sich

Dreimal darf der Fremde raten: Was ist die ›Plëssdarem‹? Selbst auf den Luxemburger Stadtplan, auf dem die offiziellen (französischen) Straßennamen in einem eigenen Register auf luxemburgisch aufgeführt sind, ist sie nicht zu finden. Dabei ist sie die Gute Stube der Stadt und (vielleicht auch) der einzige Platz, der sich (etwas von Goethes) ›Anmut‹ und ›Lieblichkeit‹ bewahrt hat. Obwohl seine Bestimmung ursprünglich martialischer Natur war. Er war nämlich – und damit des Rätsels Lösung – die Place d'Armes, der Paradeplatz der Festung, die Hauptwache befand sich hier.

Heute ist die ›Plëssdarem‹ für die Muße da. Hier trifft man sich, trinkt unter Bäumen seinen ›Humpen‹ oder sein ›Pëttchen‹ (der Gefäßname bezeichnet gleichzeitig auch das Getränk, Bier oder Wein), ißt ein kleines Gericht, murrt über den großen Preis, hat dafür das Potpourri aus dem Pavillon gratis... Und kommt sich – ein Quentchen Protest, ein Quantum Einverständnis – vor, als hätte man Gräfin Ermesindes Freiheitsbrief von 1244, dessen Verleihung auf dem Fries

△ International: der Flughafen Findel

△ Golf am Senningerberg

Vergangenheit im milden Sonnenlicht: Soldatenfriedhof Sandweiler ▽

△ Mittelalterlicher Taubenturm in Birelerhaff

Rund um die Stadt Luxemburg steht der Wald ins Haus: Freizeitgebiet Kockelscheuer ▽

Rollinger Grund: Im barocken Herrenhaus von Septfontaines residieren heute Villeroy & Boch, ... ▽

... deren Sammelteller mit Luxemburger Motiven zu den begehrten Souvenirs zählen ▽

des Stadthauses verewigt ist, soeben noch einmal erhalten. Die Verwandlung der Place d'Armes in ein ziviles Gefild könnte vollkommener nicht sein.

Das Leibgericht

Man verkündet es beinahe schon wie ein Evangelium: Die luxemburgische Küche sei qualitativ französisch und quantitativ deutsch. Wie relativ das ist! Wie soll man es zum Beispiel mit ›Judd mat Gaardebounen‹ halten? Das klingt, zugestanden, reichlich bäurisch, kommt auch von daher, ist aber qualitativ und quantitativ ›weder noch‹, sondern exemplarisch nur luxemburgisch. ›Judd‹, das ist geräucherter Schweinenacken; ›Gaardebounen‹ sind Gartenbohnen (Saubohnen, um es genau zu sagen). Alles Weitere liegt an der Zubereitung, an Gemüsen und Gewürzen für den ›Judd‹, der Mehlschwitze für die Bohnen und mit wieviel Bohnenkraut die nun wieder abzuschmecken sind. Und da handelt es sich eben um eine spezifisch ›lëtzebuergesche‹ (Küchen-) Kunst. Nicht zu vergessen die ›Gromperen‹ (Kartoffeln), hier mit Speck übergossen, die bei keinem Gericht fehlen dürfen, und das ›Gedrénks‹ (Getränk). Wie wär es mit einem herben Elbling?

Und um Luxemburg herum

Baumbusch, Grünewald, Hammer Forst, Kockelscheuer: Rund um die Stadt steht der Wald sozusagen ins Haus. Sieben Kilometer braucht man maximal, um in alle Erholungs- und Freizeitgebiete und auf seine Kosten zu kommen. Da gibt es Tummelplätze für Sportfans: Bogenschützenstände zum Beispiel im Baumbusch, Kegel- und Eisbahnen in der Kockelscheuer, einen Golfplatz am Senningerberg, Reitschulen und Randwanderwege überall – einer der schönsten führt an der Alzette entlang und an den ›Millen‹ (Mühlen) vorbei nach Hesperange. Aber auch Oasen der Stille noch: Tief im Grünewald sprudelt unverändert neben dessen Höhle die Quelle des frommen Einsiedlers Schetzel.

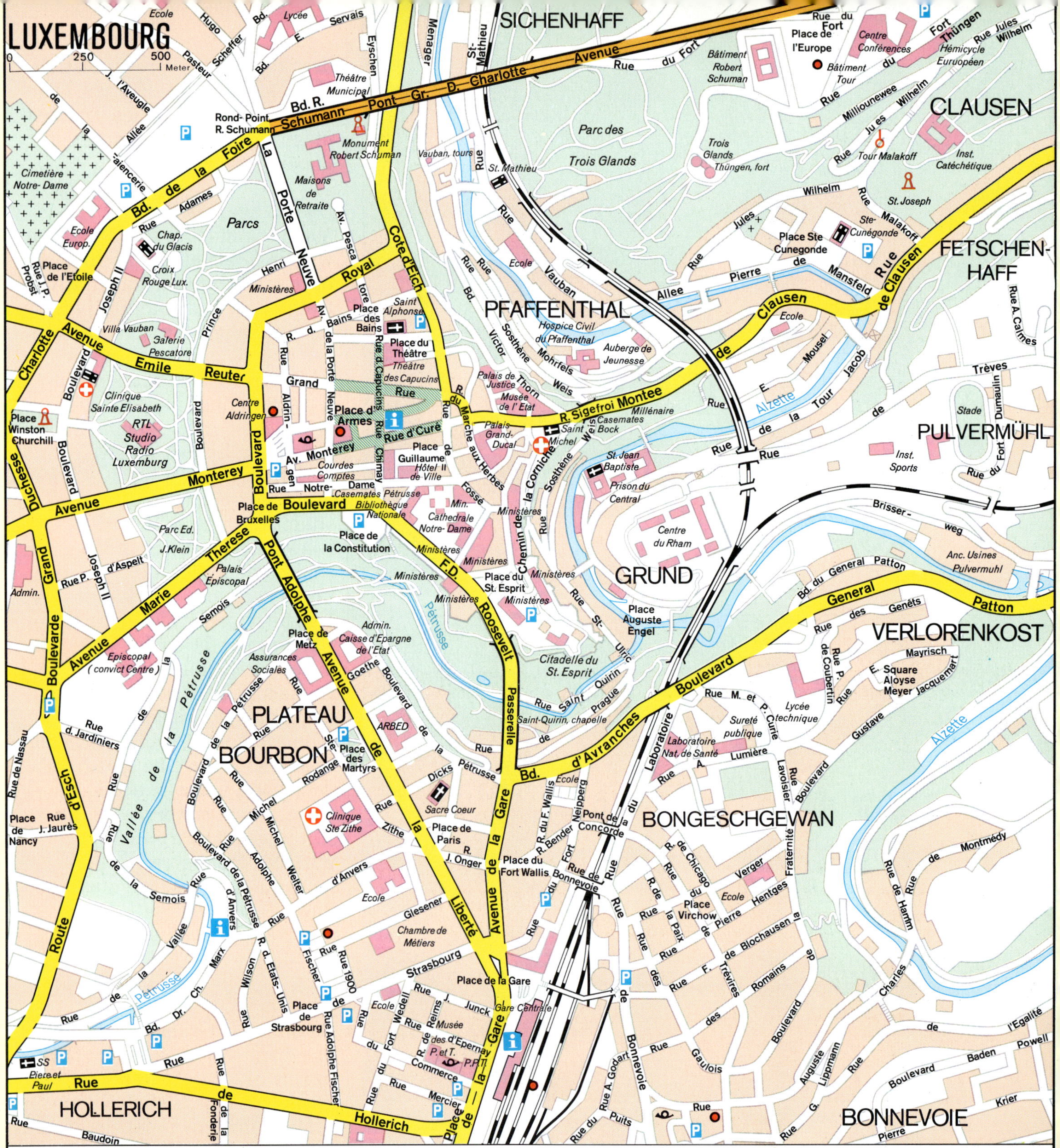
LUXEMBOURG
0 250 500 Meter
SICHENHAFF
CLAUSEN
FETSCHEN-HAFF
PFAFFENTHAL
PULVERMÜHL
GRUND
VERLORENKOST
PLATEAU BOURBON
BONGESCHGEWAN
HOLLERICH
BONNEVOIE
Bd. R. Schumann
Pont Gr. D. Charlotte
Avenue John F. Kennedy
Rond-Point R. Schumann
Monument Robert Schuman
Théâtre Municipal
Parc des Trois Glands
Bâtiment Robert Schuman
Place de l'Europe
Centre Conférences
Hémicycle Européen
Tour Malakoff
St. Joseph
Place Ste Cunegonde
Cimetière Notre-Dame
Bd. de la Foire
Parcs
Maisons de Retraite
Place de l'Etoile
Villa Vauban
Galerie Pescatore
Avenue Emile Reuter
Place Winston Churchill
Clinique Sainte Elisabeth
RTL Studio Radio Luxembourg
Grand Rue
Place d'Armes
Place Guillaume
Hôtel de Ville
Casemates Pétrusse
Bibliothèque Nationale
Cathédrale Notre-Dame
Place de la Constitution
Place de Bruxelles
Boulevard Royal
Place du Théâtre
Théâtre des Capucins
Palais Grand-Ducal
Musée de l'Etat
R. Sigefroi
Montee de Clausen
Casemates
Saint Michel
St. Jean Baptiste
Prison du Central
Centre du Rham
Hospice Civil du Pfaffenthal
Auberge de Jeunesse
Place du St. Esprit
Citadelle du St. Esprit
Place Auguste Engel
Avenue Marie Thérèse
Pont Adolphe
Place de Metz
Caisse d'Epargne de l'Etat
ARBED
Pétrusse
Vallée de la Pétrusse
Bd. F.D. Roosevelt
Passerelle
Bd. d'Avranches
Boulevard General Patton
Place des Martyrs
Clinique Ste Zithe
Sacre Coeur
Place de Paris
Place du Fort Wallis
Avenue de la Liberté
Avenue de la Gare
Place de la Gare
Gare Centrale
Chambre de Métiers
Musée des P. et T.
Place de Strasbourg
Route d'Esch
Boulevard de la Pétrusse
Place de Nancy
Rue de Hollerich
Place du Parc
Place Virchow
Laboratoire Nat. de Santé
Lycée technique
Square Aloyse Meyer
Stade
Inst. Sports
Anc. Usines Pulvermühl
Alzette

ARLON
Gutland
LUXEMBOURG
GREVENMACHER
Strassen
Mamer
Bertrange
Kehlen
Kopstal
Bridel
Béreldange
Walferdange
Steinsel
Heisdorf
Dommeldange
Merl
Hollerich
Bonnevoie
Cessange
Hamm
Itzig
Hesperange
Fentange
Contern
Sandweiler
Munsbach
Schuttrange
Oetrange
Niederanven
Senningerberg
Findel
Dippach
Leudelange
Reckange-sur-Mess
Roeser
Bettembourg
Mondercange
Sanem
Pétange
Bascharage
Clémency
Dahlem
Garnich
Kahler
Hivange
Holzem
Capellen
Steinfort
Koerich
Goetzingen
Hobscheid
Septfontaines
Simmerschmelz
Nospelt
Goeblange
Eischen
Gaichel
Schweich
Greisch
Messancy
Athus
Aubange
Rodange
Lamadelaine
Niedercorn
Linger
Schouweiler
Syren
Médingen
Dalheim
Trintange
Waldbredimus
Filsdorf
Aspelt
Frisange
Weiler-la-Tour
Hassel
Canach
Lenningen
Wormeldange
Ehnen
Machtum
Ahn
Oberdonven
Niederdonven
Flaxweiler
Beyren
Gostingen
Mensdorf
Roodt
Olingen
Betzdorf
Rodenburg
Ernster
Gonderange
Eisenborn
Burglinster
Bofferdange
Lorentzweiler
Hünsdorf
Blaschette
Imbringen
Helmdange
Remich
Bech-Kleinmacher
Schengen
Wellenstein
Mondorf
Stadtbredimus
Greiveldange
Palzem
Nittel
Wellen
Wincheringen
Mosel
Moselle
Alzette
Mamer
Eisch

Wo gibt es was?

ⓘ = Auskunft

Luxemburg-Stadt

Die Geschichte der Stadt begann auf dem Bockfelsen. Am Palmsonntag 963 erwarb der Ardennergraf Siegfried durch Tausch das ›castellum lucilinburhuc‹ auf einer Felsenhöhe über der Alzette an der Römerstraße von Reims nach Trier und Köln und baute sich dort auf dem etwas tiefer gelegenen ›Bock‹ eine neue Burg. Um diese ›Lützelburg‹ siedelten sich Handwerker, Bauern und Händler an, der erste Markt entstand. Gegen 1050 war der Marktflecken bereits so groß, daß parallel zur ersten eine zweite Ringmauer errichtet werden mußte. 1224 erhielt Luxemburg Stadtrecht. Unter Johann dem (ab 1340) Blinden (1296–1346) begann man 1320 mit dem Bau einer dritten Mauer, die die Unterstadt Grund (ihre Mühlen, Gerbereien und Wasserreserven) in den Bering der Festung miteinbezog. Die Nachbarn begannen scheel zu schauen, 1443 eroberten die Burgunder die Stadt. Eine 400 Jahre dauernde Fremdherrschaft begann. Das (nach 1555) ›Gibraltar des Nordens‹ als europäischer Zankapfel: zwischen Österreichern, zweimal den Spaniern und dreimal den Franzosen, Bayern auch noch dazwischen und den Preußen schließlich (den ›Preisen‹ fürderhin als Synonym für alle Deutschen). Erst 1867, als es um die Neutralisierung des seit 1839 unabhängigen Großherzogtums ging, beschloß man die Schleifung der Festung. Endlich konnte sich die Stadt ausdehnen. Neue Viertel, Parks und Promenaden entstanden, kühne Brücken verbanden sie. Die (vorläufig) letzte brachte 1966, im 1003. Luxemburger Jahr, die alte Kernstadt mit dem neuen Europaviertel auf dem Kirchberg zusammen.

Sehenswürdigkeiten

Am besten beginnt man einen Rundgang durch die historische Oberstadt an der Place d'Armes (weil sich im Stadthaus ›Cercle‹ das Verkehrsamt befindet und direkt daneben das große Modell der Festung) und geht dann ›zurück in die Geschichte‹: zum Bockfelsen (restaurierte Reste der ›Lützelburg‹ als ›Jahrtausenddenkmal‹ von 1963) und hinunter in die Bockkasematten (1745). Gegenüber dem Kasematteneingang steht der Goethe-Stein (Erinnerung an den Goethe-Aufenthalt während des Ersten Koalitionskrieges gegen das revolutionäre Frankreich 1792). Nahebei die St.-Michaels-Kirche (Ursprung 10. Jh., Gotisierung 16. Jh.), dann das historische Kernstück der Altstadt: der Fischmarkt. Von dort unter zwei Arkaden hindurch zu den Drei Türmen (Tor der dritten Stadtmauer, 14. Jh.) und über den ›Schönsten Balkon der Welt‹, die Corniche, zum Heilig-Geist-Plateau und den Petrußkasematten (1644 noch unter den Spaniern begonnen). Die Kathedrale (1613–1618 und 1935–1938) krönt die Vedute. Das Regierungsviertel liegt in ihrem Schatten. Die Reiterstatue Wilhelms II. auf der Place Guillaume weist hinüber zum Großherzoglichen Palais (im Sommer frei zur Besichtigung, Zeiten im Verkehrsamt) und zum Parlament (1858); das Palais (16. und 18. Jh., Umbauten 1891) war ursprünglich Rathaus und ist erst seit 1895 Residenz.
Der Bummel durch Stadtpark, Bahnhofsviertel und zum Kirchberg beginnt am ›Roude Pëtz‹. Beim ›Hämmelsmarsch‹ verlockt, bevor es ins Grüne geht, die Fußgängerzone der Grand' Rue zunächst zu einem Einkaufsbummel. Dahinter liegt im Halbkreis der Stadtpark: an seinem nördlichen Rand das Neue Stadttheater, weiter nach Süden die Villa Vauban und die Villa Louvigny (Radio-Télé-Luxembourg).
Den Boulevard Royal hinunter und über die Adolphe-Brücke – oder am Nationalen Denkmal der Luxemburgischen Solidarität (für die Opfer des Zweiten Weltkrieges) auf dem Kanonenhügel (1971) vorbei und über die ›Passerelle‹ – kommt man ins Bahnhofsviertel und dort vom repräsentativen Kommerz (Staatssparkasse, Arbed-Verwaltung), wie um alle Großstadtbahnhöfe der Welt herum, zu einem vergnüglicheren Gewerbe.
Zurück zum Limpertsberg und über die ›Rote Brücke‹ zum Kirchberg: hinter den ›Drei Eicheln‹ von Fort Thüngen (1732) das Ensemble der europäischen Institutionen.
In den Tälern von Alzette und Petruß die Unterstädte. Unterm Kirchberg Pfaffenthal; vom Siechentor an der ›Vaubanmauer‹ überquert ein Wehrgang die Alzette zum Eichertor (Ende 17. Jh.). Clausen ist das Viertel der Bierbrauer; Schloß Mansfeld stand hier, nur zwei Tore blieben erhalten (Ende 16. Jh.). Grund schließt sich an: pittoresk und winklig. ›St. Johann auf dem Stein‹ (1688) sollte man sehen und, unter der ›Passerelle‹, im Petrußtal die Quirinuskapelle (1355).

Museen, Theater, Musik

Im Staatsmuseum (am Fischmarkt; täglich außer montags und von November bis März außer samstags geöffnet) unter einem Dach (und in über 100 Sälen): Vor- und Frühgeschichte, Dokumente zur Geschichte der Festung, ein Münzkabinett, eine Kunstgalerie und naturwissenschaftliche Sammlungen; in zwei benachbarten alten Bürgerhäusern Abteilungen für Kunsthandwerk, Volkskunst und Industriekultur. Im Stadtpark die Villa Vauban mit der Städtischen Galerie (holländische und französische Malerei des 17., 18. und 19. Jh.; geöffnet nachmittags außer dienstags, sams- und sonntags auch vormittags).
Für das dreisprachige Großherzogtum charakteristisch ist die Saison (Januar bis Mai) im Stadttheater und im ›Théâtre des Capucins‹: Ensembles aus rund zehn Ländern bestreiten das Programm.
Vielfältig auch das Konzertprogramm, vor allem des RTL-Symphonieorchesters (›Donnerstag-Konzerte‹) und im neuen Konservatorium.
›Musikalischer Frühling‹ (Mai/Juni); ›Theater in den Kasematten‹ (Juli).
Großgeschrieben wird Kleinkunst: Kabarett in den Bistros »Artscène« am Fischmarkt und »Theaterstuff« auf dem Limpertsberg sowie in der »Garage« am Bahnhof; französischsprachige Gruppen »Am Dierfgen« und im Saal »TOL« in Bonnevoie.

Feste und Messen

Eine festfreudige Stadt in Maßen, dafür die Feste meist mit langer Tradition. Beim Emmaus-Markt, den ›Emaischen‹ auf dem Fischmarkt (Ostermontag), schenken sich Liebesleute ›Péckvillercher‹ (Tonvögelchen). ›Octave‹, Wallfahrt zu Unserer Lieben Frau von Luxemburg in der Kathedrale, mit Oktavemarkt (3. bis 5. Sonntag nach Ostern). Nationalfeiertag (23. Juni) mit Feuerwerk am Vorabend. Seit 1340 ›Schueberfouer‹ (Ende August/Anfang September), die Schobermesse, die große Kirmes der Stadt auf dem Glacis. Weihnachtsmarkt und Antiquitätenmesse (2. Hälfte Dezember). Jeden 2. und 4. Samstag im Monat Flohmarkt auf der Place d'Armes. Internationale Frühjahrs- (Mai) und Herbst-Messe (Oktober).

Freizeit und Essen

Die Stadt liebt es eher gemütlich; an der Place d'Armes wird sie salonfähig. Wer es liberaler haben will, trinkt sein Bier im Grund. Essen und trinken kann man von gutbürgerlich bis exotisch. Renommee haben »Saint Michel« (Rue de l'Eau 32), »Hostellerie du Grunewald« (Route d'Echternach 10) und »Central Molitor« (Avenue de la Liberté 28).
Die große Freizeit liegt vor den Toren. Im ›Bambësch‹ und im ›Gréngewald‹ hat Luxemburg wirklich noch etwas von dem sonst nur allzu werbefix zitierten ›Grünen Herzen Europas‹.
ⓘ Syndicat d'Initiative et de Tourisme, Place d'Armes, L-2011 Luxembourg.

An der Mosel ist Luxemburg, im guten wie im schlechten, weltoffen. Über den Fluß kamen die Römer und brachten den Wein mit, fielen aber auch, von den Normannen bis zu den Preußen, die Besatzer ein und kappten die Übergänge. Oft dauerte es Jahrzehnte, bis sich der Handel, von dem Städte wie Remich oder Grevenmacher lebten, wieder erholte. Wesentlich zur Besserung trug der kommerzielle Weinbau bei.

Foto: Blick aus den Weinbergen auf die Mosel bei Machtum.

ingärten an der Mosel

△ Freizeitfreuden auf der Mosel: auf ›Princesse Marie-Astrid‹ . . . . . . oder im Angelkahn ▽

△ Riesling-Weinort Wormeldange Hinter dem Tor das alte Remich ▽

△ Eng sind die alten Gäßchen an Grevenmachers Stadtmauer

△ Grevenmachers Kreuzkapelle mit Kreuzweg und eine Mauer mit Abgüssen römischer Grabskulpturen in Grevenmacherberg ▽

Links und rechts der Mosel oder der verwaltete Fluß

Das Kuriosum zuvor: Zwischen Schengen und Wasserbillig ist auf 36,3 Kilometer die Mosel ›lëtzebuergesch‹ und ›preisisch‹ zugleich. Auf Grund des am 26. Juni 1816 zwischen dem König von Preußen und dem der Niederlande in Aachen unterzeichneten Grenzvertrages ist der Fluß nämlich ein ›Kondominium‹, das heißt, er untersteht der gemeinsamen Verwaltung der beiden Anliegerstaaten. So besehen, verläuft die luxemburgische Grenze dann auf dem deutschen – und die deutsche Grenze auf dem luxemburgischen Ufer. Was Wunder, daß man mit ihrer exakten Deklaration, ob nun ›hüben‹ oder ›drüben‹, gelegentlich seine Schwierigkeiten bekommt.

Exkurs über das Moselfränkische

Hüben und drüben ist auch gemeinsam, daß nach rund 200 Kilometer Mosel ›der‹ Mosel zum erstenmal auf beiden Ufern wächst. Und daß ›zwischen Winningen, Wiltingen und Wellenstein zehn Sprachen gesprochen werden: Keltisch, Lateinisch, Hochdeutsch, Französisch, Umgangssprache, Luxemburgisch, Moselfränkisch, Niederländisch, Jiddisch und die Weinsprache. Volkssprache ist das Moselfränkische. Es enthält alle genannten Fremdsprachen...‹ So jedenfalls schreibt der ›deutsche‹ Moselfranke Karl Conrath in seiner Fibel vom ›Ohr am Weinfaß‹. Das ist zwar etwas weinbeschwingt formuliert, trifft aber gut den Kern der Sache: Auch die Sprache geht hier über die (politische) Grenze.

Ein Mondorfer Paradoxon

Sich weinkundig zu machen fällt in Luxemburg nicht schwer. Man muß sich nur an die Weinstraße halten, die kurioserweise in einem ›Wasserort‹ beginnt, in Bad Mondorf.
Hier steht auch eine der schönsten Luxemburger Rokokokirchen, vor rund 220 Jahren in der

△ Am besten einen Luxemburger Mosel . . .

. . . zur heimischen Spezialität ›Friture de la Moselle‹ ▽

△ ›Midi de Benelux‹: die Mosel bei Ehnen

△ Bei der Lese

Weinmuseum in Ehnen ▽

Rütteln gehört zum Geschäft: Schaumweinkellerei in Grevenmacher ▽

Weinmarkt im für seinen guten Riesling bekannten Wormeldange ▽

überraschend kurzen Zeit von nur zwei Jahren errichtet. Ihr Bauherr, der Pfarrer, strafte dabei seinen Namen Lügen – er hieß nämlich Ungeschick. Ein Wandspruch hält das hübsche Paradoxon fest: ›Wenn der Ungeschick nicht so geschickt gewesen wär, dann stände diese Kirche jetzt nicht her.‹

Unterwegs des Weines wegen

Doch zurück zum Wein. Rund 1300 Hektar Weinberge liegen am Weg der Weinstraße, 1200 Winzerbetriebe, sechs Kellereigenossenschaften (in Grevenmacher, Wormeldange, Greiveldange, Stadtbredimus, Wellenstein und Remerschen), zwei Sektkellereien (in Grevenmacher und in Remich), ein Weinbauinstitut (in Remich), zwei Weinmuseen (in Ehnen und Bech-Kleinmacher) und mittendrin zwei Weinlehrpfade, die die (zuweilen fröhliche) Wissenschaft für jedermann vermitteln.
Jedermann (ver)führt übrigens überallhin auch eine Prinzessin, die zu Wasser vermag, wozu zu Lande weiland weiter drunten am Fluß nur das gute alte – mit Verlaub – Saufbähnchen imstande war: die (sozusagen) fortlaufende Weinprobe. Die Prinzessin heißt genau ›Princesse Marie-Astrid‹ und ist das Fahrgastschiff auf der Mosel.

Luxemburger Weinbrevier

Der Elbling ist der Demokrat, der Riesling der Aristokrat im ›Midi du Benelux‹. Fünf weitere Rebvarianten gibt es dazwischen: die heimische Spezialität aus Riesling und Silvaner, ›Rivaner‹, den geschmeidigen Auxerrois, den frischen und fruchtigen Pinot blanc, dessen Bruder ›gris‹, den Ruländer, und den Traminer, der, reich an Parfüm und Alkohol, allerdings etwas aus der Reihe tanzt. Denn allgemein zeichnen sich die Luxemburger Weine durch ihren niedrigen Alkoholgehalt, zwischen 10 und 11,5 Grad, aus. Die denkwürdigste Devise dazu gab ein Schweizer: ›Mäßig genossen, kann Luxemburger Moselwein auch in größeren Mengen nicht schaden!‹

△ Direkt an der Grenze zu Frankreich: der Kurpark von Mondorf-les-Bains

△ Mondorf: Kind-Quelle

△ ›Quetschefest‹ in Ellange: spätsommerliches Feiern im Festzelt . . .

. . . und beim ›Quetschekraut‹-Kochen ▽

△ Im Dreiländereck: Weinbergturm über Schengen, . . .

△ . . . römisches Mosaik in Nennig . . .

. . . und Burgberg von Sierck-les-Bains ▽

Unbeliebte Gäste

›Mr. Goering wants more chocolate; Mr. Streicher prefers red beets‹ (Herr Göring möchte mehr Trinkschokolade haben; Herr Streicher zieht rote Rüben vor). Ein handschriftlicher Vermerk auf einer Menü-Karte aus dem Sommer 1945, als das damalige »Palace Hotel« im Mondorfer Kurviertel zum ›Camp Ashcan‹, wie es die amerikanischen Soldaten nannten, umfunktioniert worden war, zum ›Mülleimer‹. Vom 8. Mai an saß hier nach und nach die gesamte Nazi-Prominenz ein: Göring, Ley, Ribbentrop und Streicher ebenso wie die Admiräle Dönitz und Raeder oder die Feldmarschälle Keitel und Rundstedt, dessen Offensive in den Ardennen im Winter 44/45 noch einmal so viel Leid über das Land gebracht hatte. Am 12. August wurde alle 53 Gefangenen von einem provisorischen Feldflugplatz oberhalb des Kurviertels nach Nürnberg geflogen.

Der große Tag der Mosel

Rückblende auf den 26. Mai 1964: Auf der Mosel, von Thionville bis Koblenz nun auch ein Kanal (von dessen 14 Staustufen zwei ausschließlich auf luxemburgischem Gebiet liegen), schwimmt, bunt bewimpelt, eine kleine Flottille. Am Bug der ›Strasbourg‹ stehen die Galionsfiguren: der Präsident der Bundesrepublik Deutschland, die Großherzogin von Luxemburg, der Präsident der Französischen Republik.

General de Gaulle wirft die langen Arme gen Himmel, rühmt den Tag und das Tal und zu guter Letzt den guten Fluß: ›In ihrem Lauf durch Wiesen, Hänge und Weinberge ihres geschichtsreichen Tales‹, ruft er, ›ist also die Mosel, die im Hinblick auf große gemeinsame Vorhaben ausgebaut wurde, zugleich Zeuge und Mitgestalter dieser Umwandlung unseres Erdteils.‹

In Luxemburgs erstem Dreiländereck von dreien herrschte eitel Freude. Keine Protestler sangen ›wéi laang nach?‹ (wie lange noch?). Überm Fluß standen noch nicht die Kühltürme des Kernkraftwerkes Cattenom.

NEUERBURG
BITBURG
Luxemburgischer
WILTZ
VIANDEN
Naturpark
DIEKIRCH
ECHTERNACH
Mettendorf
Körperich
Speicher
Binsfeld
Kordel
Schweich
TRIER
Konz
Wasserbillig
GREVENMACHER
Junglinster
Mersch
Larochette
Beaufort
Burg Beaufort
Müllerthal
Konsdorf
Ralingen
Trierweiler
Igel
Saarburg
Wincheringen
Nittel
Wormeldange
Mondorf-les-Bains
Remich
Schengen
Perl
Freudenburg
Mettlach
MERZIG
LUXEMBOURG
Hesperange
Bettembourg
DUDELANGE
CATTENOM
SIERCK-les-Bains
Losheim
Beckingen
DILLINGEN
Hettange-Grande
Aéroport de FINDEL
Maßstab 1:250.000
10 km
70
80
16
96
88

Wo gibt es was?

Fähnchennummer = Textnummer ⓘ = Auskunft

Wasserbilling ①

Die Weinstraße endet hier, die Supermärkte häufen sich; das macht die Grenze. Sehenswert der Barockaltar (1748) in der Pfarrkirche sowie das Aquarium (vom 15. Juli bis 10. September täglich geöffnet, sonst nachmittags an Wochenenden und Feiertagen). Zwischen *Mertert* (Kanalhafen) und *Lellig* Überreste eines gallo-römischen Friedhofs im Weilerwald.
ⓘ Gemeindeverwaltung L-6635 Wasserbillig.

Grevenmacher ②

Die ›Hauptstadt‹ der Luxemburger Mosel ist gallo-römischen Ursprungs (Richtung Luxembourg ein rekonstruiertes Grabdenkmal aus dem 2. Jh.). 1252 bekam sie Stadtrecht und wurde befestigt; Teile der Stadtmauer und Türme stammen noch aus dieser Zeit. Wer aufmerksam durch die Straßen wandert, wird auch Erinnerungen an Goethe, Napoleon I. und den Habsburger Josef II. finden.
Der Weinbau hat – vom Elbling zum Mousseux – Tradition. Die Genossenschaftskellerei (1921 gegründet) ist die älteste in Luxemburg (Besichtigung Mai bis August; Sektkellerei Bernard-Massard April bis Oktober). Seit 1925 am Donnerstag nach Ostern der größte Weinmarkt des Landes, am zweiten Septembersonntag das Traubenfest.
ⓘ Syndicat d'Initiative, Route de Thionville 32, L-6701 Grevenmacher.

Wormeldange ③

Die Kapelle St. Donatus auf der ›Köppchen‹ ist das Wahrzeichen, der Riesling ›Grand premier cru‹ von dort das Beste, was die Luxemburger Mosel zu bieten hat; in der Genossenschaftskellerei (Besichtigung April bis Oktober) und auf einem ›Weinrundgang‹ kann man versuchen, diesem Riesling auf den Grund zu kommen. Weinmarkt am Donnerstag nach Pfingsten und Tag des Rieslings (31. Juli bzw. erster Augustsamstag).
Benachbart *Ehnen* mit historischem Kern; Weinmuseum (geöffnet Juni bis Oktober täglich außer montags). Empfehlenswerte Restaurants sind »Simmer« in Ehnen, »Mathes« in Ahn, das »Chalet de la Moselle« in Machtum.
ⓘ Gemeindeverwaltung L-5480 Wormeldange.

Stadtbredimus ④

Zu römischer Zeit wichtiger Moselübergang. Das Stadtschloß (Neubau von 1724) beherbergte 1792 die königlichen Emigranten aus Frankreich, später wohnte der luxemburgische Nationaldichter Edmond de la Fontaine (›Dicks‹, 1823–1891) hier, heute ist es Geschäftssitz der Vereinigten Winzergenossenschaften ›Vinsmoselle‹ und Residenz der Weinbruderschaft St. Kunibert. Wein wird also großgeschrieben: In der »Tourelle« kann man von März bis November täglich pröbeln, bis nach Wellenstein führen die ›Weinrundgänge‹, und im August wird drei Tage gefeiert.
ⓘ Gemeindeverwaltung L-5450 Stadtbredimus.

Remich ⑤

Kantonalhauptort und Touristentummelplatz. Wer über die Europastraße kommt, erlebt ihn von seiner Schokoladenseite: das alte ›Remacum‹ (wie der Ort zu Römerzeiten hieß) hoch auf dem Moselufer, in die grünen Weinberghänge gestaffelt. Wenn man ein Stück Mittelalter kennenlernen will, muß man allerdings die Esplanade verlassen (die periodisch von Touristenströmen überschwemmt wird) und hinter die Stadttore schauen. Die Kirche mit ihrem Wehrturm (12. Jh.) wurde 1817 und 1904 neubarock erweitert.
Wer Besonderes genießen will, bestelle sich ›Friture de la Moselle‹ (knusprig gebackene kleine Fische, die nur nicht mehr aus der Mosel kommen) und trinke dazu einen heimischen Wein.
Man sitzt an der Quelle: Das staatliche Weinbauinstitut hat hier seinen Sitz wie auch das Amt der Nationalen Weinmarke; und ›St. Martin‹ empfiehlt sich als Schaumweinspezialist (Besichtigungen April bis Oktober täglich).
ⓘ Syndicat d'Initiative, L-5533 Remich.

Wellenstein ⑥

Typisches Moseldorf mitten in den Weinbergen, mit Dorfplatz und Brunnen (wo Ende Juli/Anfang August nach altem Brauch die Kirmes gefeiert wird), pittoresken Seitengassen und stattlichen Winzerhäusern (›Leënhaus‹ mit spanischen Arkaden). Größte Genossenschaftskellerei an der Mosel (Besichtigung Mai bis August).
In *Bech-Kleinmacher* werden zwei Winzerhäuser aus dem 17. Jh., ›A Possen‹ und ›Muedelshaus‹, als Wein- und Folkloremuseum genutzt (von Ostern bis Oktober täglich außer montags am Nachmittag geöffnet).
Schwebsange (Schwebsingen) hat ein eigenes kleines Wein-Freilichtmuseum mitten im Ort. Traditionelles Weinfest am ersten Septembersonntag.
ⓘ Syndicat d'Initiative, L-5404 Wellenstein.

Remerschen ⑦

Schengen bildet das Entree der Mosel in den deutsch-luxemburgischen Raum. Am Stromberg brachen die Römer die Steine für die Porta Nigra in Trier. Ins 13. Jh. zurück geht die Geschichte des Schlosses. Victor Hugo zeichnete es 1871: Die Skizze wurde Weinetikett. Der Pinot blanc hat Remerschen zur Geltung gebracht. Pröbeln kann man ihn am 1. Mai in der Genossenschaftskellerei. An die Vergangenheit des kleinen Weinortes erinnert die Barockkirche von 1766 mit mittelalterlichem Wehrturm.
ⓘ Gemeindeverwaltung L-5440 Remerschen.

Mondorf-les-Bains ⑧

In schöner Lage das Bad im Tal der Gander: nach Osten Wein und Wald (die Weinstraße beginnt hier), nach Westen die lothringische Hügellandschaft (die Grenze verläuft durchs Dorf und hinterm Kurpark vorbei). Mondorf-Dorf ist alt und hat eine der schönsten Barockkirchen Luxemburgs (1764–1766). Das Staatsbad hat die Quellen ›Kind‹ und ›Marie-Adélaïde‹ (1913 bzw. 1846 erbohrt); im Kurpark (36 ha) liegen Trinkhalle und Bäderhaus, ein hochmodernes neues Kurzentrum (mit Spiel-›Casino 2000‹) ist am Parkrand entstanden.
Landeinwärts *Dalheim* (mit der Ausgrabungsstätte des römischen ›Ricciacus‹) und *Waldbredimus* (mit seiner um 1460 errichteten gotischen Kirche).
ⓘ Syndicat d'Initiative, Avenue Fr. Clement 31, L-5612 Mondorf-les-Bains.

Grenzgänge im Dreiländereck

Schengen gegenüber liegt im Saarland Perl, Remich gegenüber Nennig. Dazwischen breitet sich – vom Hasen- zum Römerberg – altes Weinland. Aus römischer Zeit hat sich in *Nennig* das größte Fußbodenmosaik nördlich der Alpen erhalten (2./3. Jh.). Von einem riesigen Grabhügel ganz in der Nähe, der zur Zeit archäologisch erschlossen wird, verspricht man sich einen weiteren Superlativ. Und erhofft dasselbe im Falle von *Schloß Berg* (16. und 18. Jh.), das, in einer dritten Metamorphose, in eine Spielbank verwandelt werden soll. Im Lothringischen drängt sich moselabwärts *Sierck-les-Bains* an den Fluß und klettert den Burgberg hoch. Vaubans Schallturm beherrscht die Szene. Die Burg war seit dem 11. Jh. lothringisch, die Stadt trierisch, der deutsch-französische Konflikt vorprogrammiert. Jetzt droht Cattenom über dem Dreieck.

Echte

Als hätte es gegolten, den alten Rang Echternachs als Luxemburgs erstem religiösen, geistigen und künstlerischen Zentrum neu zu betonen: Nach dem Zweiten Weltkrieg wurde die zerstörte Willibrord-Basilika weitgehend in ihrer ursprünglichen romanischen Gestalt wiederaufgebaut. Das Internationale Musikfestival brachte zusätzliches Renommee. Und Mittelpunkt der bedeutendsten Touristenregion des Landes, der Kleinen Luxemburger Schweiz, war die Stadt an der Sauer schon immer.

Foto: Die viertürmige Willibrord-Basilika und die zweitürmige Peter-und-Paul-Kirche in Echternach.

nachs ›Kleine Schweiz‹

△ Vieltürmig über der Sauer: Echternach

Willibrord-Grab in der Krypta der Basilika ▽

Der ›Denzelt‹ am Marktplatz von Echternach ▽

Aus romanischer Zeit: St. Peter und Paul ▽

△ In Fünferreihen ›tanzen‹ seit Jahrhunderten die ›Springheiligen‹ bei der Echternacher Springprozession am Pfingstdienstag ▽

Im Prozessionszug auch ein kostbares Reliquiar: Echternacher Springprozession ▽

An Pfingstdienstag kommen die ›heiligen Springer‹

An der Kirche in Waxweiler in der Eifel erinnert eine Tafel: ›Ursprung der Echternacher Bitt- und Springprozession um das Jahr 728. Hier mahnte vergebens Sankt Willibrord die Frevler, die tanzten am heiligen Ort. Zur Strafe ward ihnen der Tanz zur Plag. Bis sie tanzten zur Buss in Echternach.‹ Alljährlich an Pfingstdienstag kann man viele Menschen in Echternach ›antanzen‹ sehen – seit Hunderten von Jahren: als eine Art Sühne- und Bittgang zur Abwendung von Veitstanz und Pest, als Verherrlichung aber auch des Heiligen, der ›wahren Stimme Gottes‹.
Es ist noch immer fast wie im Mittelalter: In Fünferreihen, sich an Tüchern untereinander haltend, ›tanzen‹ die Pilger (die ›Springheiligen‹, wie man sie früher nannte) den uralten Dreischritt-Tanz, jetzt allerdings in einem vereinfachten Rhythmus, zum Willibrord-Grab in der Krypta der Basilika.
Die wunderlichsten Musikanten laufen dazwischen, Blaskapellen verschiedendster Couleur, Tambourinschläger, Geiger und Akkordeonspieler. Und sie spielen die immer noch gleiche Polkamelodie, das Lied von Adam, der sieben Söhne hat und sieben Töchter für seine Söhne sucht.

Die kostbare Hinterlassenschaft

Echternachs berühmteste Sehenswürdigkeit kann man gar nicht in Echternach sehen. Man muß da schon nach Nürnberg fahren. Dort befindet sich im Germanischen Nationalmuseum die kostbarste der sieben heute noch bekannten Handschriften, die im 11. Jahrhundert im Skriptorium, der Schreibstube, der Abtei entstanden sind: der ›Codex Aureus Epternacensis‹, ein mit goldener Tinte geschriebenes und ebenso reich ausgestattetes Goldenes Evangelienbuch. Echternach selbst hat seit kurzem ein Faksimile, ein Geschenk der Stadt Nürnberg.

△ Zur üppigen Ausstattung des römischen Gutshofes ›Schwarzuecht‹ gehörte ein luxuriöses ›Schwimmbad‹

Wasserfall der Schwarzen Ernz: Schiessentümpel ▽

△ Erholungsgebiet Löschental bei Echternach

Die ›Hohllay‹ in der Kleinen Schweiz ▽

△ Nicht nur für Kletterer: ›Perecop‹ und Berdorfer Felsen ▽

Römischer Viergötterstein in der Berdorfer Kirche ▽

Die Kleine Luxemburger Schweiz, ein ›Riesenland‹

Hier, zwischen Schwarzer Ernz und Sauer, sei man in einem ›alten Riesenland‹, schwärmte schon 1814 der Herausgeber der ›Teutschen‹ Volksbücher Joseph Görres. Die Luxemburger reagierten nicht ganz so romantisch und nannten das ›Riesenland‹ (und tun das vielfach noch immer so) einfach – einen Teil für das Ganze nehmend – Müllerthal.
Als man dieses vor 100 Jahren dann touristisch zu erschließen begann, begnügten sie sich aber nicht mehr mit dem einen Namen und kreierten – wohl vom gleichen Fernweh bestimmt –, was Franken, Sachsen und Holsteiner für sich auch beanspruchten, ihre eigene ›Schweiz‹.
1880 wurde vom ›Trooskneppchen‹ über Echternach aus die erste Promenade angelegt. Sie führte nach Berdorf und hatte dort Anschluß an die dritte Versammlung malerischer Felstürme und Abstürze, Grotten und Schluchten im Müllerthal.

Phantasievolle Namen
Die Namen der Felsgebilde – Wanderer, steh und staune und lasse zwischen ›Belvédère‹ und ›Belle Vue‹ deine Phantasie walten – sind ein Kapitel für sich. Das beginnt in der Vorzeit mit ›Herkuleskapp‹, ›Keltenhöhle‹ und der ›Nadel der Kleopatra‹, beschwört den Himmel (weniger) und die ›Hölle‹ (mehr) mit ›Teufelschart‹ und ›Teufelsinsel‹, zeigt auf Räuber (›Raiberhiel‹, ›Gorge des Brigands‹), ›Schelme‹ und ›Zigeuner‹ und hat auch die Zeitgeschichte (des letzten Jahrhunderts) vor Ort parat: den Krimkrieg und den Russisch-Türkischen Krieg. Diese beiden stehen Pate am Aesbach: rechts ›Perecop‹, ›Chipkapass‹ links und die ›Tour Malakoff‹ in der Mitten. Der ›Schiessentümpel‹ hat mit ihnen nichts zu tun. Wer die Kaskade allerdings nicht gesehen hat, Luxemburgs beinah meistfotografiertes Objekt, der war auch nicht in der Luxemburger

△ Pietà an der Christnacher Ölmühle

Junglinsters Alter Friedhof ▽

△ Durch den Girsterbusch geht es, mit einer Pietà am Weg, . . . ▽

. . . zur Girsterklause, einem der ältesten Marienwallfahrtsorte des Landes ▽

Die Pietà am Weg zur Girsterklause ›schützt‹ vor Dämonen, wie diesem kleinen am Sockel ▽

Schweiz. Es versteht sich (nicht) zu guter Letzt, daß man diese auch er-fahren kann, aber besser erwandern sollte.

Rund um die Girsterklause

Am Sonntag nach Mariä Himmelfahrt (15. August) steigen die Pilger vom unteren Sauertal zum Girsterbusch hoch. Die Girsterkirche ist einer der ältesten Marienwallfahrtsorte des Landes. Verehrt wird ein Gnadenbild aus dem 13. Jahrhundert, das man in einer Haselstaude fand – so will es jedenfalls die Überlieferung. Auch das erste Heiligtum auf dem uralten Marktplatz hat seine Legende. Der Ritter Elbert von Clerf soll es erbaut haben, zum Dank für seine an ein Wunder grenzende Befreiung aus sarazenischer Gefangenschaft im dritten Kreuzzug. Auf den Grundmauern ›seiner‹ Kapelle entstand dann mit ihrem übermächtigen Turm die heutige Klause, in der unter anderen Votivgaben noch immer Ketten hängen.
Klausner lassen sich seit dem 17. Jahrhundert nachweisen, der letzte starb 1938. Er hatte noch die Stoßgebete der heiratslustigen Mädchen gehört, die ihre Seufzer nach einem guten Mann fromm in den Rosenkranz verwoben: ›Oh, Här, bescheer eis een!‹

Larochette oder der Ort Fels

›Verluerekascht‹ heißt der Platz auf der Karte. Man steht der Felser Burg gegenüber, jenseits des Tales am Hang, bei einem verlassenen Wachtturm im Wald, und rätselt um dessen Namen. Hochdeutsch erschließt er sich leichter: ›Verlorenkost‹ bedeutet verlorener Aufwand; die Bastion ist der verlorene Posten im verzweigten Verteidigungssystem der Burg.
Von der Burg – ›Homburger Haus‹ links, ›Kriechinger Haus‹ rechts – geht der Blick aufs Dorf. Der Dorfplatz, die große ›Bleiche‹ mit dem alten Gerichtskreuz, ist am Abend voller Leben. Es geht beinahe südländisch zu. Warum auch nicht? Zur Zeit wohnen in Larochette mehr Portugiesen, Gastarbeiter mit ihren Familien, als Luxemburger.

△ Wird mit den Schlössern des Bayernkönigs Ludwig II. verglichen: Meysembourg

△ Stolz der luxemburgischen Denkmalpfleger: Bourglinster

△ Ein Volksfest vor der Kirche von Larochette, das von den Resten seiner Burg überragt wird ▽

△ Romantisch liegen in einem Waldtal . . . . . . die Ruinen von Befort mit mächtigen Türmen ▽

Gemeinsam zurück zur Natur
›Das Land Rheinland-Pfalz und das Großherzogtum Luxemburg, geleitet von dem Wunsche, die Landschaft entlang der Sauer und der Our nach möglichst einheitlichen Grundsätzen zu schützen, zu pflegen und als Erholungsgebiet zu gestalten . . .‹ Präambeln zu Staatsverträgen haben ihre eigenen Feierlichkeiten. In unserem Fall aus gutem Grund: Mit der Ausdehnung des Naturparks Südeifel auf Luxemburg wurde am 17. April 1964 mit dem nun Deutsch-Luxemburgischen der erste internationale Naturpark Westeuropas überhaupt errichtet. Und er floriert seitdem.

Das schönste Stück Luxemburg
Der luxemburgische Anteil, von Consdorf im Süden bis Lieler im Norden, umfaßt 35800 (von insgesamt knapp 79000) Hektar. Das schönste Stück Luxemburg, sagen viele. Mit Echternach als Entree und vom Gutland ins Ösling voller Höhepunkte im bewegten Relief. Der ständige Wechsel zwischen den tief eingeschnittenen Waldtälern mit ihren Felsgebilden – die bizarrsten im ›Luxemburger Sandstein‹ des Kerngebiets – und den freien Hochflächen, zwischen Wald und landwirtschaftlich genutzter Fläche gibt der Landschaft des Parks das Gepräge.
Kommt hinzu, daß hier altes Siedlungsland ist und das Zurück zur Natur auch ein Zurück in die Geschichte bedeutet. Berdorf und Befort führen bezeichnenderweise das Register der Sehenswürdigkeiten an: die Felsen und eine Burg.

Noch ein Nachtrag
Ein deutscher Tourist – es wäre heuchlerisch, dies nicht zuzugeben – läßt sich, zurück aus der Natur, nicht ungern auch wieder mit der Zivilisation ein. Denn bestimmte Güter sind im Ländchen nun einmal billiger. Also packt er Treibstoff in den Tank, Kaffee und Zigaretten in die Plastiktüten und . . . stellt sich zwischen Echternach und Echternacherbrück in den Stau.

70
80
16
NEUERBURG
BITBURG
VIANDEN
DIEKIRCH
Ettelbruck
Naturpark
ECHTERNACH
Beaufort
Berdorf
Waldbillig
Larochette
Mersch
Junglinster
GREVENMACHER
Wasserbillig
Mertert
TRIER
KONZ
SAARBURG
LUXEMBOURG
Hesperange
Bettembourg
DUDELANGE
Mondorf-les-Bains
REMICH
Perl
SIERCK-les-Bains
CATTENOM
Hettange-Grande
Mettlach
MERZIG
Losheim
Beckingen
DILLINGEN
Kordel
Welschbillig
Speicher
Konzerbrück
Echternacherbrück
Nittel
Wincheringen
Palzem
Freudenburg
Schengen
Roeser
Kanfen
Koenigsmacker
Rehlingen
Maßstab 1:250.000
10 km
88
96
E 29
E 44
E 25
E 421
E 422
Luxemburgische
Fidel
Mosel
Sauer

Wo gibt es was?

Fähnchennummer = Textnummer ⓘ = Auskunft

Rosport ①

Zunächst einmal ein Ort mit Wasser in vielerlei Gestalt: der Sauer, die zur Ralinger Schleife ansetzt, dem Stausee, der zum Dorado für Wassersportler wurde, und der ›Source Rosport‹, Luxemburgs einziger natürlicher Mineralquelle. Im Oberdorf das (nicht zugängliche) Alte Schloß (1891; das romanische ›Irminen-Retabel‹ aus der Hauskapelle heute im Staatsmuseum in Luxembourg) und das (nur bedingt zugängliche) Neue Schloß (1892) der Familie Tudor (heute Gemeindeverwaltung und Ferienheim).
Auf dem Girsterbusch die *Girsterklause* (Turm 9. Jh., Kirche 13. Jh.), Wallfahrtsziel vor allem am Sonntag nach dem 15. August.
ⓘ Gemeindeverwaltung L-6582 Rosport.

Echternach ②

Luxemburgs kleine große Stadt an einem alten Übergang über die Sauer am Eingang zur Kleinen Luxemburger Schweiz und zum Deutsch-Luxemburgischen Naturpark.
Befestigungen auf den Resten einer keltischen Fliehburg schon in römischer Zeit (vor der Stadt außerdem die ›Römervilla Schwarzuecht‹, größte Anlage ihrer Art in Luxemburg). Der heilige Willibrord aus Northumberland (658 bis 739) gründete 698 die Benediktinerabtei, deren große Zeit zwischen 972 und 1298 lag (zweite Blüte der Buchmalerei im 11. Jh.). Im 18. Jh. barocker Ausbau und Auflösung der Abtei in der Französischen Revolution.
Echternachs älteste Kirche ist die Pfarrkirche St. Peter und Paul (11. Jh., 1490 gotisch eingewölbt), an der Stelle des Römerkastells errichtet. Die Willibrord-Basilika (1016–1031, Krypta vor 800) wurde im Zweiten Weltkrieg stark zerstört; Wiederaufbau nach den ursprünglichen Plänen, mit den charakteristischen vier Türmen. Die (auch wirtschaftliche) Bedeutung bis ins 18. Jh. dokumentieren die stattlichen barocken Abteibauten (1727–1731). Nur ein paar Schritte sind es zum Marktplatz, beherrscht vom ›Denzelt‹, dem alten Schöffengerichtsgebäude (1444–1465). Entlang der Rue des Remparts Reste der alten Ringmauern. Auf dem ›Hihof‹ ein Museum der Vorgeschichte (geöffnet täglich außer montags Mai bis Oktober).
Springprozession alljährlich an Pfingstdienstag. Im Frühsommer Internationales Festival klassischer Musik. Renommiert die »Hôtels Réunis de la Petite Suisse Luxembourgeoise«.
ⓘ Syndicat d'Initiative, Porte St. Willibrord, L-6501 Echternach.

Berdorf ③

Auf einem Plateau zwischen Sauer, Schwarzer Ernz und Aesbach gelegen, Zentrum der Kleinen Luxemburger Schweiz. Auf frühe Besiedlung verweisen Funde in den Höhlen ringsum. Den römischen Viergötterstein aus der Hohllay, wo die Römer auch ihre Mühlsteine brachen, kann man in der Kirche noch bewundern: nunmehr ein christlicher Altar.
Weitverzweigtes Spazier- und Wanderwegenetz (65 km) und ringsum Wald (1200 ha). Trimmpfade und Spielwiesen im Erholungszentrum Martbusch, eine Kletterschule am Wanterbach.
ⓘ Syndicat d'Initiative, L-6551 Berdorf.

Beaufort ④

Das Schloß, unterhalb des zu deutsch Befort genannten Ortes, verlockt zu romantischen Metaphern: ›Luxemburgisches Heidelberg‹ nennen es die Luxemburger. Die Kernburg stammt aus dem 12. Jh., wurde um 1380 und im 16. Jh. vergrößert und befestigt, zwei Wohngeschosse im Stil der frühen Renaissance kamen hinzu, und bis 1648 entstand etwas über der alten Anlage ein neues Renaissanceschloß. Die Attraktion des Rundgangs (Besichtigung April bis Mitte Oktober) ist – für jeden, der auszieht, das Fürchten zu lernen – die Folterkammer, zum Ausgleich der Johannisbeerlikör vom Schloß und im Dorf das Freizeit- und Sportzentrum.
ⓘ Syndicat d'Initiative, L-6310 Beaufort.

Reisdorf ⑤

Beinahe ein ›Drei-Flüsse-Dorf‹: an Sauer, Weißer Ernz und Our. ›Zu Lande‹ führen herrliche Wanderwege durch Wälder und mit immer neuen Fernsichten in die Eifel, nach *Hoesdorf* (Kirchturm unter Denkmalschutz) oder *Bigelbach* (Wildspezialitäten im Hotel »Au-Site Unique«) und weiter in die Kleine Luxemburger Schweiz.
ⓘ Syndicat d'Initiative, L-9390 Reisdorf.

Waldbillig ⑥

Ausgangspunkt, wie jenseits der Schwarzen Ernz *Consdorf*, für Wanderungen ins ›Möllerdall‹, das andere Zentrum der ›Petite Suisse‹. Der Ort *Mullerthal* selbst besitzt zwar nur ein paar Häuser (die Hotels eingeschlossen), aber er liegt in einer Wegspinne der beliebtesten Promenaden und Wanderwege sowie der Fernstraßen von Luxembourg nach Grundhof und von Larochette nach Echternach. *Christnach* blieb dank eines beispielhaften Pilotprojektes, in dem Denkmalschutz, Gemeinde- und Straßenbauverwaltung und die Bevölkerung zusammenarbeiteten, als ursprüngliches Ensemble erhalten. Haller ist seiner Gastronomie wegen (»Hôtel Hallerbach«) bekannt.
Die schönsten Promenaden führen zur *Heringerburg* (Luxemburgs einziger Felsenburg, 10. Jh.) und zum *Schiessentumpel* (Luxemburgs größter Kaskade). An Superlativen fehlt es nicht; entsprechend ist, besonders an Wochenenden, der Auftrieb.
ⓘ Gemeindeverwaltung L-7681 Waldbillig.

Larochette ⑦

Der deutsche Name Fels veranschaulicht die Lage: Der vielbesuchte Fremden- und Ferienort liegt, von Felsen umschlossen, im Tal der Weißen Ernz wie in einem Kessel. Über ihm, auf einem senkrecht aufragenden Felsplateau, stehen die Ruinen der Burg der Herren von Fels, gegründet im 12., erweitert im 14. Jh. (Besuchszeiten von Ostern bis September). Im Dorf auf dem Hauptplatz, einem Bilderbuchplatz, erinnert das Gerichtskreuz (um 1570) an die mittelalterliche Freiheit.
Südwestlich im Manzebachtal Schloß *Meysembourg* (1880; Privatbesitz); eifrige Führer vergleichen es gern mit den Märchenschlössern Ludwigs II. Nordwestlich eine kleine(re) Schweiz vor der (größeren) Kleinen Schweiz: die ›Nommerläen‹, pilzförmige Felsformationen, im Wald bei Nommern.
ⓘ Syndicat d'Initiative, Bahnhof, L-7601 Larochette.

Junglinster ⑧

Genaugenommen sind es vier Linster-Dörfer, die hier, am Weg ins Müllerthal, beisammenliegen: Alt-, Bourg-, Grau- und Junglinster.
In *Altlinster* stand die erste Burg der Herren von Linster; am Kapelleneingang (Chor 1570) kann man noch ihr Wappen sehen. Im 13. Jh. verließen sie das Tal und bauten sich in *Bourglinster* ein größeres Domizil. Die bis ins 17. Jh. immer wieder umgebaute Anlage ist heute Kulturzentrum. Das Dorf gehört zu den Aushängeschildern der Denkmalpflege (Jugendherberge im Ende des 18. Jh. für den Schloßverwalter errichteten Patrizierhaus).
Auch *Junglinster* bewahrte seinen historischen Kern; sehenswert hier die monumentale Barockkirche (1774). Zeichen der neuen Zeit sind die beiden Sendemasten von RTL.
ⓘ Gemeindeverwaltung L-6101 Junglinster.

In

Nördlich der Sauer, die sich mit vielen Schleifen quer durch das Land schlängelt, beginnt das Ösling. Die ›Buurgplaatz‹ bei Huldange ist mit 599 Meter der höchste Punkt des Landes – ganz im Nordzipfel Luxemburgs. Tief gräbt sich wenige Kilometer weiter östlich die Our, bis zu ihrer Mündung in die Sauer Grenzfluß, in den Schiefer ein. Bei Vianden wird sie zu einem mächtigen See gestaut, er speist eines der größten Pumpspeicherwerke der Welt. Vom Nikolausberg sieht das große ›Kunststück‹ aber wie ein Meisterstück der Natur aus.

Foto: Blick auf den Our-Stausee.

Norden: die Ardennen

△ Zweimal Diekirch: die Laurentiuskirche, älteste des Landes, ... und der Eselsbrunnen in der Fußgängerzone ▽

△ Nach altem Brauch: Diekircher Bierfest

△ Diekirch: Die Sauer ist ein beliebtes Revier der Kanuten

△ Erinnerung an General Patton: Ettelbrück

Tief im Tal die Our ▽

Hinauf ins Ösling: Ettelbrück und Diekirch

Der Norden (Luxemburgs) fängt bei der ›Nordstadt‹ an. Diesen Namen für den nordluxemburgischen Ballungsraum haben die Landesplaner kreiert – dennoch, an (dem natürlich unverändert so genannten) Ettelbrück kommt weiterhin keiner vorbei, der ins Ösling will. Ettelbrück ist der eine Teil der ›Nordstadt‹, der Markt und Verkehrsknotenpunkt der Region. Diekirch ist der andere und deren Verwaltungs- und Bildungszentrum. Ettelbrück gilt als die ›Pforte› ins ›Éisleck‹, ins Ösling, wie die Ardennen in Luxemburg genannt werden. Und von Diekirch nahm der luxemburgische Tourismus, der nicht zuletzt den Ardennen zugute kam, seinen Ausgang. Alexis Heck half ihm auf die Sprünge. ›Pappa Heck‹ nennt man ihn seitdem beinahe liebevoll und setzte ihm ein Denkmal.
Mittlerweile ist das Ösling auch ein Land für Wanderer. Erny Schmitt aus Redange-sur-Attert hat ihnen die Wege geebnet, hat Luxemburg überhaupt erst zu einem ›wanderbaren‹ Land gemacht – vor rund 40 Jahren. Sein Ehrentitel besitzt fast schon biblische Qualität: ›Vater unserer Pfade‹.
Folgt man diesen in den Norden, so wird schnell deutlich, warum Luxemburg zur Zeit der Französischen Revolution das Departement der Wälder genannt wurde. Man merkt dann aber auch, daß die Öslinger (wie ihre Gewässer) landflüchtig sind, gen Süden strömen.

Der Tag des Generals

Einmal im Jahr wird Ettelbrück zu ›Patton-Town‹. Am ›Remembrence Day‹, Ende Juni oder Anfang Juli, gedenkt die Stadt des amerikanischen Generals George Patton, dessen 3. Armee im Weltkriegswinter 1944/45 von hier aus entscheidend in die Ardennenschlacht eingriff. Pattons Denkmal steht an der Sauerbrücke bei Gilsdorf.

△ Hoch über der Our liegt Viandens prächtig restaurierte Burganlage

Victor-Hugo-Büste an der Our-Brücke ▽

△ Vianden: Kreuzgang und Doppelschiff der Trinitarierkirche ▽

Ästhetik moderner Technik: die Turbinenhalle des Viandener Pumpspeicherwerks ▽

△ Vianden wie aus der Vogelperspektive

Paradies für Sportfischer: die Our ▽

Der Esel und das Bier

In der Fußgängerzone von Diekirch kommt ein Esel zu Ehren. Er steht auf einem Bierfaß, und Esel samt Faß geben einen Brunnen ab. Das Bierfaß verweist auf die heimischen Braukünste: Ein ›Diekirch‹ galt im Ausland lange als Synonym für Luxemburger Bier. Und der Esel erinnert an die Zeiten, da die Bauern aus Diekirch die Wingerte an den Hängen und die Äcker auf der Höhe des schwer zugänglichen Herrenberges nur mit Hilfe von Eseln versorgen konnten. Daß vom Tier auf die Halter geschlossen wurde, liegt auf der Hand. Aber die Diekircher bogen die Spitzen der Spötter ab: Sie machten die wackeren Grautiere einfach zu ihrer Spitzmarke und hatten die Lacher nun auf ihrer Seite. Am Fastnachtssonntag vor allem, wenn sie bei der ›Kavalkade‹ fröhlich ihre ›Eseleien‹ Revue passieren lassen.

Viandener Superlative

Vor 100 Jahren kamen 3000 Touristen pro Jahr nach Vianden. Heute sind es hundertmal mehr: 300 000, fast so viele, wie Luxemburg Einwohner hat.
Allein die Burg, wie im Bilderbuch hoch über der Our, ist für einige luxemburgische Superlative gut. Runde 1000 Jahre wurde an ihr gebaut. Wilhelm I., König der Niederlande und Großherzog von Luxemburg zugleich, ließ sie 1820 auf Abbruch versteigern. (›Stupide roi‹ beschimpfte ihn 1862 deswegen Victor Hugo.) 1827 kaufte der König sie wieder zurück – als Ruine. Deren Wiederherstellung dann anderthalb Jahrhunderte später in Szene gehen konnte, 1978, nachdem Großherzog Jean die Burg dem Staat überlassen hatte. Den neuen Superlativ hat man schon parat: Sie soll die ›schönste mittelalterliche Burganlage links des Rheins‹ sein.

›Vive Victor Hugo!‹

›Ich habe einen Sonnenstrahl ausgenutzt, um eine recht genaue Ansicht der Ruine von Vianden zu zeichnen‹, notierte am 7. August 1871 der französische Dichter Victor Hugo in sein Tagebuch.

△ Luginsland: Burg Bourscheid

△ In prachtvoller Höhenlage: Bourscheid

△ Wallfahrt Marxberg

Um 1730 wurde das barocke Schloß Bettendorf anstelle einer mittelalterlichen Burg errichtet ▽

Ruine Brandenbourg ▽

Unterhalb der Burg Bourscheid liegt im Tal der Sauer der Campingplatz Moulin ▽

Vianden hatte es ihm angetan. Gleich viermal kam er hierher – im Sommer 1871 sogar für zweieinhalb Monate –, in eine Landschaft, von der er sagte, einst werde sie ganz Europa aufsuchen.
Hugo wohnte in einem Haus an der Our-Brücke. Dort erlebte er den Brand in der Nacht vom 14. auf 15. Juli. Sofort organisierte er – nachdem er das Manuskript seiner Gedichtsammlung ›Das schreckliche Jahr‹ in ein Taschentuch gewickelt hatte – eine Kette von Helfern mit Löscheimern und brachte noch am Morgen eine Spendenaktion auf den Weg, für die er die ersten 300 Francs stiftete. ›Vive Victor Hugo!‹ riefen die Leute, als der Dichter auf dem Luxemburger Bahnhof ankam. ›Vive la France!‹

Europas Wasser-Wechsel-Strom
Wie macht man aus billigem Nachtstrom hochwertigen Strom für den Tag? Indem man ihn zeitweilig in eine andere Energieform umwandelt. Im Pumpspeicherwerk von Vianden wird das Tag für Tag und Nacht für Nacht praktiziert.
Da gibt es zunächst im Tal einen künstlichen See, das halbe Dorf Bivels samt Kirche und Mühle sind in der hier gestauten Our verschwunden: Volumen 10 Millionen Kubikmeter. In Zeiten schwacher Netzbelastung wird das Wasser mit der dann verfügbaren Überschußenergie 289 Meter höher, auf den Nikolausberg, in ein Oberbecken gepumpt: Fassungsvermögen 6,8 Millionen Kubikmeter. Steigt nun der Stromverbrauch, strömt das Wasser durch zwei Druckschächte von 652 und 856 Meter Länge in unterirdische Kavernen – wo Riesenmaschinensätze, nun im Turbinenbetrieb, den benötigten Spitzenstrom produzieren – und in den Our-Stausee zurück.

Bourscheider Grütze
Das Ösling macht der Sauer den Eintritt in das Gutland sauer. Nördlich Diekirch muß sie gleich um drei Berge drei Schleifen schlagen. Über der mittleren steht Burg Bourscheid. Ihre An-

△ Zu den ursprünglichsten Landschaften Luxemburgs gehört das Tal der Schlinder bei Hosingen

△ Wiederaufgebaut: das ehemalige Klosterstift Hosingen

△ Kreuzwegstation in Urspelt

Bewaldete Buckel: Ösling bei Heinerscheid ▽

△ Im Dreiländereck: die Dorfkirche des luxemburgischen Holler, . . .

△ . . . das zu zwei Dritteln belgische Europa-Mahnmal von Ouren und auf dem deutschen Ufer der Our die Burg Falkenstein ▽

fänge reichen bis ins 10. Jahrhundert zurück, als ›munitissimum castrum‹ (als stark befestigte Burg) hatte sie im Land nicht ihresgleichen. Vom Einfallsreichtum ihrer Herren sagte man das auch einmal. Als die im 15. Jahrhundert bei einer Belagerung kaum noch etwas zu beißen hatten, fütterten sie – derartige Überlieferungen sind in Mitteleuropa nicht eben selten – den letzten Ochsen mit dem letzten Sester Weizen, schlachteten ihn und warfen den gefüllten Magen über die Mauer den Angreifern vor die Füße. Angesichts solchen Überflusses gaben die Belagerer auf. Bourscheider Moral: Wenn man schon keine Grütze mehr im Keller hat, dann sollte man sie wenigstens im Kopf haben.

Grenzgänge im Rösselsprung

Die Natur ändert sich nicht, ob das Land hier oben an der Our nun Ardennen, Ösling oder Eifel genannt und belgisch, luxemburgisch oder deutsch regiert wird. Dafür hat es seine Drei(länder)-ecksgeschichten. Hemmeres zum Beispiel war vor 1918 deutsch, von 1918 bis 1940 belgisch, von 1940 bis 1945 deutsch, von 1945 bis 1955 belgisch und wurde dann wieder an die Bundesrepublik abgetreten. Zwischen (belgisch) Ouren und (luxemburgisch) Lieler steht seit 1977 zu einem Drittel auf luxemburgischem und zwei Dritteln auf belgischem Hoheitsgebiet (bis zur deutschen Grenze sind es nur 100 Meter) das Europa-Mahnmal. Errichtet aus Findlingen aus Belgien, Frankreich, Luxemburg und Deutschland.

Das Denkmal weist weiter. Der europäische Fernwanderweg von Holland zum Mittelmeer führt hier vorbei und deckt sich auf luxemburgischem Gebiet mit dem nationalen Our-Pfad. An der Geisley bei Hosingen – nun wird es vollends international – stößt er auf den europäischen Fernwanderweg vom Atlantik bis Böhmerwald. Und zusammen führen beide zum nächsten Dreiländereck, diesmal an der Mosel: Luxemburg–Deutschland–Frankreich.

Bastogne (Bastenaken)
Houffalize
Vielsalm
Gouvy (Bovigny)
St. Vith
Clervaux
Wiltz
Vianden
Diekirch
Ettelbruck
Mersch
Redange
Useldange
Martelange
Hosingen
Weiswampach
Troisvierges
Bourscheid
Neuerburg
Lommersweiler
Manderfeld
Longchamps
Wardin
Noville
Grand Halleux
Lierneux
Baraque de Fraiture
Mont-Houffalize
Deutsch-
Luxemburgischer
Naturpark
Radio Luxembourg
Stolzembourg
Larochette
Junglinster
Beaufort
Burg Beaufort
Lac de la Haute-Sûre
Forêt d'Anlier
Bois de Cedrogne
Réserve naturelle
Arboretum
Maßstab 1:250.000
10 km
16
96
88
36
46
58

Wo gibt es was?

Fähnchennummer = Textnummer ⓘ = Auskunft

Weiswampach ①

Höhendorf (530 m) und Ferienort im nördlichsten Zipfel des Landes. Im Sommer laden zwei Seen zu Angel- und Wassersport ein, 46 Kilometer Wanderwege kommen hinzu. Im Winter gehen die Skilangläufer hier auf die Loipe. *Holler* hat eine der schönsten Dorfkirchen des Öslings (14. Jh.), gotisch und mit romanischem Turm.
ⓘ Gemeindeverwaltung L-9990 Weiswampach.

Heinerscheid ②

Öslinglandschaft wie aus dem Buch, zwischen Bauern- und Weekendland. Das Dorf liegt auf dem Hochplateau (540 m), das die Täler von Our und Clerve trennt.
In der Kapelle von *Urspelt* (1704) befindet sich der älteste, vollständig erhaltene, geschnitzte Kreuzweg des Landes: derbe, naive Bauernkunst (um 1759/60). Im gotischen Chor der Kirche von *Lieler* wurden 1954 Fresken mit den Darstellungen der zwölf Apostel entdeckt (Ende 15. Jh.).
ⓘ Gemeindeverwaltung L-9753 Heinerscheid.

Hosingen ③

Luftkurort (520 m) auf der Hochebene über dem Our-Tal, als ›Blumenreiches Dorf‹ ausgezeichnet. Das ehemalige adelige Klosterstift (12. und 18. Jh.) in der Dorfmitte wurde nach Zerstörungen im Zweiten Weltkrieg als Gemeindezentrum (Pfarrkirche, Pfarrhaus, Gemeindehaus) wiederaufgebaut. Im ehemaligen Stiftswald heute großes Wildgehege und ein Freizeitzentrum.
ⓘ Gemeindeverwaltung L-9806 Hosingen.

Vianden ④

›Gleichermaßen ermutigend und eindrucksvoll: eine gewaltig dräuende Ruine und eine heitere Bevölkerung‹ (Victor Hugo 1871). Im 12./13. Jh. als Burgsiedlung entstanden. Heute Hauptort des bevölkerungsärmsten Kantons (es gibt fast ebenso viele Portugiesen in Luxemburg wie Einwohner im noch immer von der Landflucht bedrohten Ösling), aber auch wie kaum ein anderer Ort im Großherzogtum international gebucht und gesucht.
Hauptattraktion ist die gewaltige (vorbildlich restaurierte) Hofburg (älteste Teile 10. Jh., letzter Bau Anfang 17. Jh.) hoch über dem Tal der Our (täglich geöffnet, November bis März nur samstags und sonntags).
In der Stadt (eine der besterhaltenen mittelalterlichen Stadtanlagen Luxemburgs): die zweischiffige Trinitarierkirche (1248), einst Klosterkirche, mit Kreuzgang, St. Nikolaus an der Our-Brücke (13. Jh.), das Renaissance-Rathaus (1579). In einem der alten Burghäuser das Folkloremuseum (täglich geöffnet Ostern bis September); Victor-Hugo-Haus (geöffnet April bis Oktober täglich außer mittwochs). Besichtigung des Pumpspeicherwerks, eines der größten seiner Art auf der Welt, ebenfalls täglich. Und über allem schwebt Luxemburgs einziger Sessellift.
Nußmarkt am zweiten Sonntag im Oktober. Gastronomische Tips sind »Veiner Stiffchen« und »Veiner Stuff«.
ⓘ Syndicat d'Initiative, Victor-Hugo-Haus, L-9420 Vianden.

Brandenbourg ⑤

Dorf und Burg im Tal der Blees. Der interessanteste Weg führt von Vianden oder Ettelbruck herüber: der Victor-Hugo-Pfad. Die Brandenburg war einst eine stark befestigte Anlage (Kern 10. bis 12. Jh., Ausbau bis 1600); im Dorf Museum ›Al Braneburg‹ (geöffnet nachmittags am 1. Sonntag im Monat).
Am Our-Pfad *Longsdorf.* Über dem Dorf steht auf dem Marxberg, noch mit einer Einsiedelei, die alte gotische Wallfahrtskirche (15. Jh.).
ⓘ Gemeindeverwaltung L-9350 Bastendorf.

Bourscheid ⑥

Die Burg hoch über der Sauer, das Dorf über der Burg, über dem Dorf der ›Napoleonsbaum‹: Der Rundblick ist einzigartig. ›Im Lande einzigartig‹ auch die ab 1972 vorbildlich restaurierte Burg (sieben Ausbauphasen vom 10./11. bis 16./18. Jh.; Besichtigungszeiten März bis September).
Bekannt für seine luxemburgische Spezialitäten das »Hôtel St. Fiacre«. Die schönsten Wanderpfade führen nach Michelau, Goebelsmühle und nach Moulin de Bourscheid in der Sauer-Schleife sowie nach Welscheid im Tal der Wark.
ⓘ Gemeindeverwaltung L-9140 Bourscheid.

Diekirch ⑦

Die malerisch zu Füßen des Herrenbergs an der Sauer gelegene Stadt war keltische und römische Siedlung und im Mittelalter Marktvogtei mit Hochgericht. Nach 1945 wurde das Stadtbild sorgsam restauriert.
Das älteste Denkmal ist umstritten: der ›Deiwelselter‹ (Teufelsaltar) am Südhang des Hardtberges. Unbestritten dagegen die Laurentiuskirche (auf den Überresten eines Heiligtums aus dem 5. Jh.) als ältestes Gotteshaus Luxemburgs (10./11. Jh. und 15./16. Jh.). Außerdem Museum der Ardennenschlacht (geöffnet nachmittags Ostern bis September, Juni, Juli und August auch vormittags, sonst nur sonntagnachmittags). Im Städtischen Museum römische Ausgrabungsfunde (Mosaiken; täglich geöffnet Mai bis Oktober).
Tradition haben die Feste: der Umzug am Fastnachtssonntag, das Alt-Diekirch- und das Bierfest im Juli. Mit zwei Sternen wartet das »Hôtel Hiertz« (Rue Chairefontaine 1) auf.
Im Programm der ›Sportstadt des Nordens‹: Fahrten zu Wasser (mit dem Leihkanu) und zu Lande (mit dem Leihfahrrad) nach Echternach.
ⓘ Syndicat d'Initiative, Place Guillaume, L-9201 Diekirch.

Ettelbruck ⑧

Ettelbruck, zu deutsch Ettelbrück, die zentralgelegene ›Pforte der Ardennen‹, stellt den größeren Teil des ›Nordstadt‹ genannten Ballungsraumes im Ösling. Im 18. Jh. unter österreichischer Herrschaft. Aufschwung als Markt- und Handelsplatz. Nach dem Zweiten Weltkrieg auch bedeutendes Heil-, Schul- und Ferienzentrum.
Der ›Bewahrung des Kulturgutes der Stadt‹ dient ein eigenes Museum (geöffnet sonn- und feiertags 17—19 Uhr). Eine weitere Sammlung ist General Patton gewidmet (täglich geöffnet Juni bis August, im April, Mai und September montags bis freitags, sonst dienstags und freitags). Betriebsbesichtigungen (Reifenfabrik, Zigarettenfabrik, Molkerei) nach Voranmeldung.
ⓘ Syndicat d'Initiative et de Tourisme, Grand-Rue 13, L-9050 Ettelbruck.

Grenzgänge im Dreiländereck

Vom Europa-Mahnmal aus, zwischen (luxemburgisch) Lieler, (belgisch) Ouren und (deutsch) Sevenig, kann man aus den Grenzgängen Burgenwanderungen machen. Da steht in Belgien in Richtung St. Vith über dem Our-Tal der mächtige Rundturm der (983 erstmals erwähnten) Burg *Reuland.* Von dort die Our wieder hinunter, kommt man auf deutscher Seite entlang einer Reihe weiterer Burgruinen zur *Dasburg* (13. Jh.) und schließlich zur Burg *Falkenstein* (erste Bauphase 11./12. Jh.). Dieser liegt, nun wieder im Luxemburgischen, die großteils noch mittelalterliche *Stolzembourg* gegenüber, mit Ober- und Unterburg (14./15. Jh. und 1898).

Festiva

Der Obersauer-Stausee gehört zur Weekendlandschaft westliches Ösling: Esch verschanzt sich in einer Flußschleife, Wiltz und Clervaux staffeln sich den Berg hoch. Die Dörfer auf den Koppen sind weiß und voller Blumen, der Denkmalschutz hat sie entdeckt. Durch den Wald führen Wanderwege hinunter in die Täler. Seitab liegen alte Kirchen.

Foto: ›Hubertusjagd‹ an einem Säulenkapitell in der Kirche von Rindschleiden – Hubertus ist der Heilige der Jäger und der Ardennen gleichermaßen.

und Ferienlandschaft

△ Esch-sur-Sûre: der ›Lochturm‹ auf dem Bergrücken über der Stadt . . .

. . . und der Eingang ›en chicane‹ zur Burgkapelle ▽

△ Esch an der Sauer

Wallfahrtskirche Rindschleiden ▽

Rindschleidener Allerheiligenhimmel in der Wallfahrtskirche ▽

Obersauer-Stausee: Wassersport wird besonders in Liefrange groß geschrieben ▽

Esch an der Sauer oder die Sache mit dem ›Loch‹

Wer ›Esch im Loch‹ sucht, wie Esch an der Sauer auch genannt wird, wird den Ort wohl im Tal finden, aber kaum im Loch. Denn das ›Loch‹ (oder ›Lach‹) liegt eigentlich auf der Höhe, es kommt von ›Lug‹. Weshalb denn auch der Lug- und Spähturm oberhalb der Burg – genauer gesagt, dem alten Bergfried gegenüber und mit diesem durch einen Felsenpfad verbunden – folgerichtig ›Lochturm‹ heißt. Und noch weiter oberhalb (›nechst bey Esch uff dem Loch‹) die Kapelle auf dem Felsplateau an der Straße nach Eschdorf: die ›Lochkapelle‹.
Eschs Burg stammt aus dem 10. Jahrhundert – Normannen und Ungarn machten das Land unsicher. Nach der ›Einführung‹ des Schießpulvers, 400, 500 Jahre später, mußte sie umgerüstet werden. Verteidigungstürme wurden vorgeschoben, Ringmauern gezogen. Rund 465 Meter waren diese zuletzt lang und umschlossen, die Pfarrkirche genau in der Mitte, rund 12 Hektar.

Der Öslinger Himmel

Nördlich der Straße Eschdorf–Martelange versteckt sich in einem Talkessel Rindschleiden, Luxemburgs kleinste Ortschaft. Sie besteht aus der Pfarrkirche, dem Pfarrhaus und einem Bauernhof.
Das Ösling ist noch immer ein frommes Land. Rindschleidens größter Schatz wurde 1952 (wieder)entdeckt: die jahrhundertelang unter der Tünche verborgenen Fresken aus dem 15. und 16. Jahrhundert in der Pfarrkirche. Ein ganzer Allerheiligenhimmel, von Abraham bis Willibrord, ist da in Schiff und Chor versammelt: zum Lobe Gottes ebenso wie als Lesebuch für die des Lesens Unkundigen, eine große Armenbibel.
Der Turm draußen erinnert an ein anderes Kapitel wackerer Öslingscher Frömmigkeit. Ein Pfarrer, erzählt Carlo Hemmer in seiner ›Anekdotischen Reise

△ Für seine Festspiele weithin bekannt: Schloß Wiltz

Schloß Wiltz, eine prächtige Kulisse auch für das Ginsterfest ▽

△ Ginsterfest in Wiltz: Geschäftigkeit auf dem Flohmarkt . . .

. . . und ›Fischzüge‹ im Festzug ▽

△ Traditionelles, wie Fahnenschwenken, Bauernbrot . . . ▽ . . . und Geräuchertes aus dem Ösling, beim Ginsterfest ▽

durch Luxemburg‹, pflegte seinen Pfarrkindern die himmlische Seligkeit folgendermaßen anschaulich zu machen: ›Stellt Euch vor, der Kirchhof wäre voll Weizenbrei, der Kirchturm aber ein riesiger Zuckerhut. Stellt Euch vor, der Kirchturm würde umfallen und in den Kirchhof stürzen. Dann würde dieser Brei sicher süß. Aber das wäre noch ein Dreck gegen die Süße des Himmels.‹

Wiltz und sein Festival

Die erste Burg von Wiltz lag im Tal. Der romanische Wehrturm der spätgotischen Kirche von Niederwiltz stammt noch von ihr. Schon bald erwies sich die Talburg als strategisch ungünstig, so daß eine zweite Burg (in Oberwiltz) auf einer Bergzunge erbaut wurde.

Das barocke Schloß hoch über dem Tal läßt von dem mittelalterlichen Vorgänger kaum etwas ahnen. Von der großen Terrasse blickt man in den Schloßpark. Doppelläufig führt eine Freitreppe hinab. Die Treppe wird zur Szene, die Szene, spielt das Wetter mit, zum schönsten ›Sommernachtstraum‹. Stolz zitieren die Wiltzer Friedrich Gulda: ›Freilichttheater wie das Ihre kenne ich nur drei auf der ganzen Welt.‹ ›Der Stoff ist kostbar von dem Spiel. Dahinter aber liegt noch viel‹, verkündete 1953 der Spielansager. Man begann mit Hofmannsthals ›Jedermann‹. 1957 stand zum erstenmal eine Oper, ›Tosca‹, auf dem Programm, 1969 Jazz mit Ella Fitzgerald. Französische Ensembles kamen hinzu, dann niederländische. Das Spiel wurde zum Festival – längst mit internationalem Renommee.

Der Luxemburger Bauernkrieg

Auf der Höhe bei der Benediktinerabtei von Clervaux mahnt ein mächtiges Steinkreuz: das Klöppelkriegdenkmal. Es erinnerte an den einzigen Massenaufstand in der Geschichte Luxemburgs, an die Revolte der Bauern des ›Wälderdepartements‹ während der Französischen Revolution 1798. Drei Jahre vorher war das Herzogtum annektiert worden. Die

△ Barock unter gotischem Gewölbe: St. Hubertus in Munshausen

Weiträumig auf der Höhe: die neuromanische Abtei von Clervaux ▽

△ Den Berg hoch gestaffelt: Clervaux

Erinnerungen an die Ardennenschlacht überall: Schloßhof von Clervaux ▽

Hofgut in Weiler ▽

Eine spätgotische Kostbarkeit in der Kirche von Hachiville: der Schnitzaltar ▽

Einführung der Militärpflicht, religiöse Verfolgungen und die (zeitweilige) Annullierung der Waldnutzungsrechte der Dorfgemeinschaften führten zu Unruhen. Mit Knüppeln bewaffnet (›Klëppel‹ oder ›Knëppel‹ im Luxemburgischen), zogen die Bauern gegen die fremden Besatzer. Nach anfänglichen Erfolgen, vor allem im damaligen Kantonalhauptort Clerf, brach der ›Klëppelkrich‹ jedoch schnell zusammen. 291 Aufständische wurden verhaftet, 78 angeklagt, 35 zum Tod verurteilt. ›Mir kennen net léien‹ – Wir können nicht lügen – soll der ›Schéifermisch‹, der Schäfer Michel Pintz aus Asselborn, gesagt haben, als man ihm vor dem Kriegsgericht nahelegte, durch eine falsche Aussage sein Leben zu retten. Die Szene, von der traditionellen Luxemburger Geschichtsschreibung überliefert, ist auf dem Clerfer Denkmal von 1899 dargestellt. Der ›Schéifermisch‹ war zur nationalen Symbolfigur geworden.

Edward Steichens Bild der Welt

Im Mittelpunkt von Clervaux steht das Schloß. In der Ardennenschlacht in Brand geschossen, wurde es ab 1950 restauriert, mustergültig. Drei Ausstellungen beherbergt es heute: eine Sammlung von Modellen der 22 wichtigsten Burgen Luxemburgs, Andenken, Dokumente, Waffen und Uniformen des Zweiten Weltkrieges und eine der berühmtesten Fotosammlungen der Welt, Edward Steichens ›The Family of Man‹.

Steichen, 1879 in Bivange im Süden des Landes geboren, wanderte zwei Jahre später mit seinen Eltern nach Amerika aus. Ans Fotografieren kam er früh. Am Ende war er Direktor der Fotoabteilung des ›Museum of Modern Art‹ in New York. ›The Family of Man‹ gilt als die Krönung seines Lebenswerks; 503 Fotografien (aus über zwei Millionen ausgewählt) von 273 Fotografen aus 68 Ländern: der Mensch in seiner Welt... ›Schönheit und Reichtum der Erde, die er geerbt, aber auch das, was er aus dieser Erde gemacht hat‹.

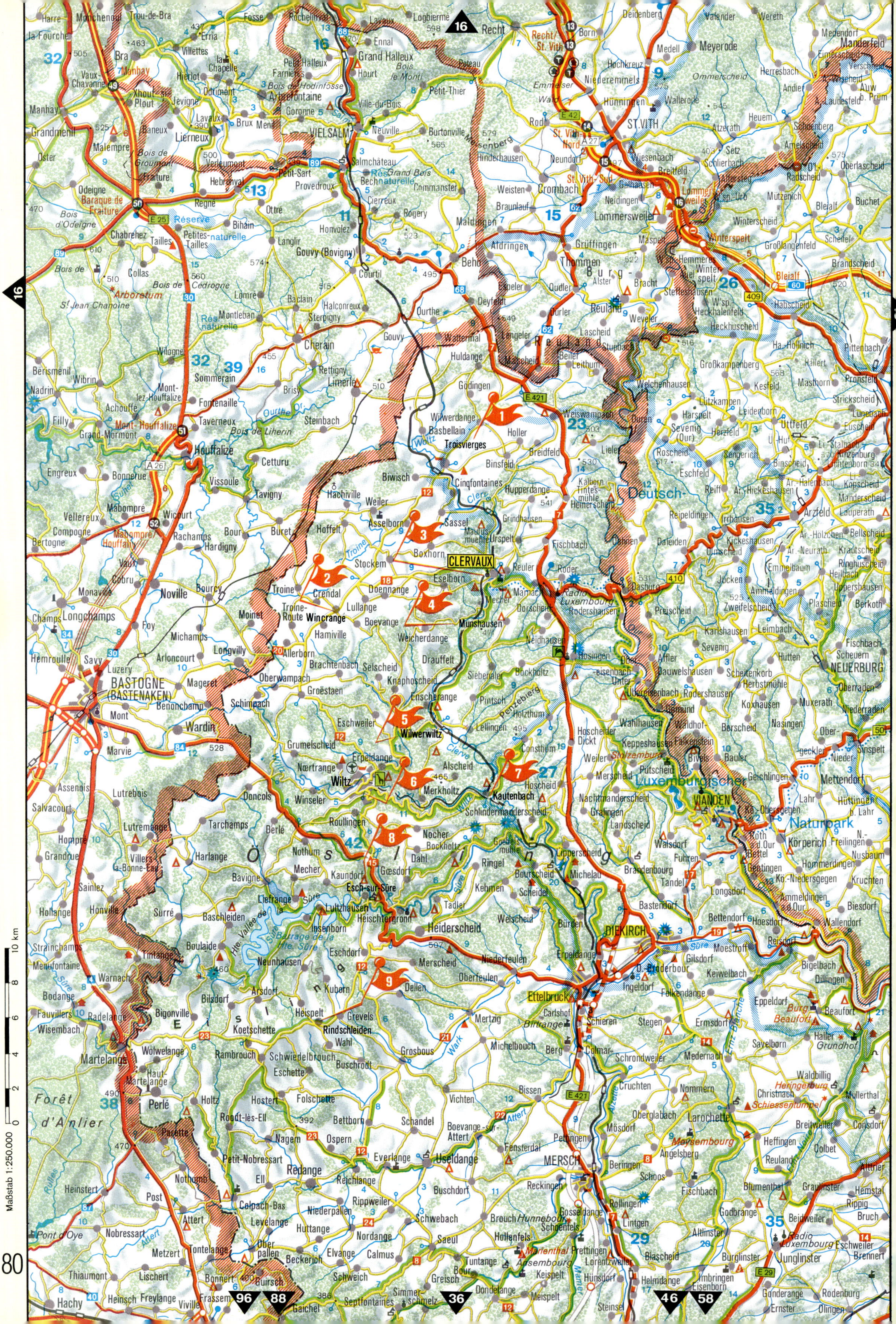
16
Recht
Manhay
Vielsalm
Grand Halleux
Petit-Thier
St. Vith
Meyerode
Manderfeld
Lierneux
Salmchâteau
Crombach
Lommersweiler
Winterspelt
Baraque de Fraiture
Réserve naturelle
Gouvy (Bovigny)
Burg-Reuland
Bleialf
Arboretum
Limerlé
Houffalize
Troisvierges
Weiswampach
Deutsch-
Clervaux
Arzfeld
Wincrange
Noville
Bastogne (Bastenaken)
Wardin
Wiltz
Kautenbach
Hosingen
Vianden
Neuerburg
Esch-sur-Sûre
Lac de la Haute Sûre
Luxemburgischer
Naturpark
Heiderscheid
Diekirch
Ettelbruck
Martelange
Perlé
Redange
Useldange
Mersch
Larochette
Heringerburg
Forêt d'Anlier
Beaufort
Echternach
Junglinster
96
88
36
46
58
Maßstab 1:250.000
10 km
8
6
4
2
0

Wo gibt es was?

Fähnchennummer = Textnummer ❶ = Auskunft

Troisvierges ①

Hineingeschmiegt in die Senke zwischen der Asselborner und der Höhe von Wilwerdange (beide rund 500 m), liegt der auf deutsch Ulflingen genannte Erholungsort. Vom ehemaligen Franziskanerkloster (um 1650) hat sich die reich ausgestattete Kirche erhalten. Am linken Seitenaltar die dem französischen Ortsnamen zugrunde liegenden Drei Jungfrauen (trois vierges). Ihre fromme Legende kennt keine Grenzen: In Auw, drüben in der Eifel, wird erzählt, sprangen sie auf einem Esel ›glaubensvoll‹ über das tiefe Tal der Kyll.
❶ Gemeindeverwaltung L-9905 Troisvierges.

Wincrange ②

Erste aus Asselborn, Boevange, Hachiville und Oberwampach zusammengeschlossene Großgemeinde Luxemburgs. 1200 Hektar Wald. In der Kirche von *Hachiville* (Helzingen) befindet sich einer der kostbarsten Kunstschätze des Landes: ein spätgotischer Schnitzaltar (16. Jh.) mit Szenen aus dem Leben und Leiden Christi. In *Cinqfontaines* (Fünfbrunnen) erinnert ein Mahnmal an die 700 Luxemburger Juden, die von hier aus nach Auschwitz deportiert wurden.
❶ Gemeindeverwaltung L-9780 Wincrange.

Clervaux ③

Die Landschaft um Clerf, wie der Ort mit deutschem Namen heißt, erscheint weniger als Gebirge denn als Hochplateau, in das die Täler tief eingeschnitten sind. Das kennzeichnet die Lage des Luftkurorts: 350 Meter hoch an der Clerve, 520 droben über dem Tal.
Die Geschichte der Stadt geht bis ins 11./12. Jh. zurück. Aus dieser Zeit die ältesten Teile der wiederaufgebauten Burg, darüber die doppeltürmige neoromanische Pfarrkirche (1910), auf der Höhe weiträumig die Benediktinerabtei (1909 und 1910; Ausstellung ›Klosterleben‹). Loretto-Kapelle (1762, Rokoko) auf der Anhöhe gegenüber. In der Burg drei Dauerausstellungen: Modelle Luxemburger Burgen; Erinnerungen an die Ardennenschlacht; Edward Steichens Fotosammlung ›The Family of Man‹ (täglich geöffnet Pfingsten bis Mitte September, sonst sonn- und feiertagnachmittags, Januar und Februar geschlossen).
Traditionelle Spezialitäten der örtlichen Gastronomie sind Wild, Forellen, ›Éislecker Ham‹ (Ardenner Schinken).
❶ Syndicat d'Initiative, Schloß, L-9712 Clervaux.

Munshausen ④

Die Dorfkirche des abseits gelegenen Ortes ist St. Hubertus, dem Heiligen der Ardennen, geweiht: ein niedriges (gotisches) Schiff (13. Jh.) mit hohem (spätgotischem) Chor (15. Jh.) und einem mächtigen romanischen Turm. Die Grafenkapelle präsentiert sich als kleine ›Schaubühne des Todes‹ der Herren, Damen und Kinder derer von Clerf (15.–17. Jh.).
❶ Gemeindeverwaltung L-9766 Munshausen.

Wilwerwiltz ⑤

Im Dorf eine ehemals befestigte Hofanlage (16. Jh.) mit Tor, Turm und Taubenschlag: Ausgangspunkt für eine Wanderung im schönsten Sinne über die Dörfer mit typischen Öslinger Ensembles. *Lellingen* zum Beispiel, das wie mit den Schieferfelsen verwachsen ist, oder *Pintsch* mit seiner bäuerlichen Barockkirche (1738) unter dem romanischen Turm. Und am Ende wieder ein Taubenturm, diesmal vor dem Herrschaftshaus (Ende 17. Jh.) in *Enscherange.*
❶ Gemeindeverwaltung L-9776 Wilwerwiltz.

Wiltz ⑥

So etwas wie die ›Hauptstadt des Öslings‹ und bis Mitte des 19. Jh. (bevor die Schwerindustrie im Süden ihren Aufschwung nahm) mit ihren Gerbereien, Papiermühlen und Webereien die bedeutendste Industriestadt des Landes. Heute Handels- und Fremdenverkehrszentrum. In Niederwiltz stand (bereits vor dem 11./12. Jh.) die erste Burg; der romanische Turm der spätgotischen Kirche (16. Jh.) stammt noch von ihr. Das (heutige) Schloß in Oberwiltz entstand ab 1631, wurde aber erst nach 1714 vollendet.
Zwischen beiden erinnert eine mächtige Totenleuchte an die bitterste Zeit der Stadt im Zweiten Weltkrieg: an die Opfer des Streiks vom 31. August 1942, der von Wiltz aus das ganze Land erfaßte. Schreckenszeit auch zweieinhalb Jahre später, als die Stadt in der Ardennenschlacht zu 80 Prozent (800 von 1000 Häusern) zerstört wurde.
Aus den Ruinen erblühte buchstäblich neues Leben: Tausende kommen jährlich am Pfingstmontag zum ›Gënzefest‹ (Ginsterfest); die Luxemburger Portugiesen wallfahren im Mai und Oktober zu ›Unserer Lieben Frau von Fatima‹ auf ›Baessend‹; das Musik- und Theaterfestival im Sommer genießt internationales Ansehen; und Pfadfinder aus aller Welt treffen sich hier in ihrer europäischen Hauptstadt.
Zwei Museen im Schloß: das der Ardennenschlacht und eine Folkloresammlung (beide täglich geöffnet ab Pfingstsamstag bis Mitte September). Direkt vor der Tür das »Restaurant des Ardennes«.
❶ Syndicat d'Initiative, Schloß, L-9530 Wiltz.

Kautenbach ⑦

Tief im Tal, von Bergen und Wäldern umgeben, am Zusammenfluß von Clerve und Wiltz, die hier ideal für Wildwasserfahrer sind. Für Wanderer ist fast noch besser gesorgt: Vom Dorf gehen vier National- und 13 Regionalpfade aus; Rundwege in der Umgebung zur Hockslay, Oberschleid und zur Ruine Schüttburg (13. Jh.).
Wildspezialitäten im »Hôtel Hatz«.
❶ Gemeindeverwaltung L-9663 Kautenbach.

Esch-sur-Sûre ⑧

Die Obersauer-Talsperre (1961) hat die Region von Grund auf umgestaltet: 48 Meter hoch spannt sich die Staumauer, 1,2 Kilometer oberhalb von Esch, quer durch das Tal. 19 Kilometer ist der Stausee bis zum Pont Misère lang, 42 Kilometer der Rundwanderweg. Mit 380 Hektar Wasserfläche stellt er das bedeutendste Trinkwasserreservoir und, dank seiner ›natürlichen‹ Einpassung in die Landschaft, eines der attraktivsten Ferien- und Erholungsgebiete des Großherzogtums dar.
Esch selbst, die Burgruine (Bergfried noch aus dem 10. Jh.) und das Dorf (mit seinem mittelalterlichen Kern), dreiseitig von der Sauer umflossen, ist als Ganzes bereits Denkmal.
Am nördlichen Ufer des Sees *Kaundorf* (Wallfahrt zur Quelle und der wiederholt umgebauten Kapelle des heiligen Pirminius am Pfingstmontag), *Liefrange* (Wassersportplatz Nr. 1) und *Bavigne* (am ›Kleinen See‹), südlich (nicht minder frequentiert) *Lultzhausen.*
Wichtig: Bis rund fünf Kilometer ab Staumauer ist jede sportliche Betätigung verboten, Motorbootfahren auf dem ganzen See.
❶ Syndicat d'Initiative, Rue de l'Eglise 6, L-9650 Esch-sur-Sûre.

Rindschleiden ⑨

Abseits (nördlich) der großen Straße ist die kleine Kirche (10.–12. und 15. bis 16. Jh.) zu entdecken. Ihre größte Kostbarkeit sind farbenprächtige Fresken und Skulpturen aus dem 15. und 16. Jh.: eine einzige bunte Bibel von Abraham bis Willibrord.
❶ Gemeindeverwaltung L-8838 Wahl.

Durchs

Zunächst schickt die Hauptstadt noch ihre Siedlungsschneisen vor, ins Tal der Alzette und zur Mamer. Aber schon unter der Autobahnbrücke beginnt dort der Wald. Schoenfels, mit spitzen Türmchen und gestuften Giebeln, liegt am Wege. Es wird, obwohl noch im Mamertal, zum Eisch-›Tal der sieben Schlösser‹ gezählt, das sich von der belgischen Grenze bis nach Mersch zieht. Im Norden gehört noch die Alzette in die Region.

Foto: Die Talburg Schoenfels mit ihrem Wohnturm.

al der sieben Schlösser‹

△ In leichten Wellen nach Osten und Südosten geneigt: das Gutland

Der Willibrord-Brunnen auf der ›Helperknapp‹ ▽

△ Vielgestaltig: großherzogliche Residenz in Colmar-Berg

Neubauten zwischen alten Ruinen: Useldange ▽

△ Merscher Michelsturm Schloß Colpach ... ▽ ... mit Bourdelles ›Sterbendem Kentaur‹ im Park ▽

In der geografischen Mitte des Landes: Mersch

Dort, wo sich Eisch, Mamer und Alzette treffen, wo sich seit alters her die großen Straßen kreuzen, mitten im Gutland und (geografisch auch) im Großherzogtum liegt seit bald 2000 Jahren Mersch. Zu seinen Besonderheiten gehört der Michelsturm. Er steht, Relikt der 1453 von den Burgundern zerstörten alten Michaelskirche, mitten in der Stadt und trägt eine eigenwillige achteckige Zwiebelhaube.
Die Haube rettete ihn vor der Spitzhacke. Mitte des vorigen Jahrhunderts sollte beim Bau der neuen Pfarrkirche der Michelsturm abgerissen werden. Doch da kam, gerade zur rechten Zeit, Großherzog Wilhelm II. mit seiner Frau vorbei, der russischen Großfürstin Anna Pawlowna. Und die – so will es die Überlieferung – erinnerte der Zwiebelturm im Alzettetal an die goldenen Hauben über den Kirchen ihrer alten Heimat. Weshalb sie um die Erhaltung des bescheideneren Luxemburger Gegenstücks bat... und freundlich Gehör fand.

Alt und neu auf dem Dorf
›Eist Duerf soll liewen‹ nennt sich die Aktion: Euer Dorf soll leben. Useldange im Tal der Attert zum Beispiel. Dort gab es eines Tages Pläne, den historischen Kern zu demolieren und an seine Stelle einen modernen Zweckbau zu setzen. Das rief Staat und Privat gemeinsam auf den Plan. Und beide entwickelten Modelle, wie sich das charakteristische Dorfbild nicht nur erhalten, sondern neue Architektur auch in die alte Umgebung einpassen ließe.
Das Experiment glückte, das Ergebnis kann sich sehen lassen. Das Dorf ist nicht nur schöner und dennoch kein ›Museum‹ geworden, es lebt sich auch besser im neuen alten Useldange.

Stätte europäischer Begegnung
Die deutsche Dichterin Annette Kolb sprach – vor 50 Jahren – von ihr immer nur als von ihrer

△ Die wiederaufgebaute Burg Ansembourg . . .

. . . im idyllischen Eisch-›Tal der sieben Schlösser‹ ▽

△ Das barocke Portal des Schlosses Ansembourg

△ Koerichs Kirche und Goeblanges römische Relikte ▽

Septfontaines: einer der ›Sieben Fußfälle‹ auf dem Friedhof ▽

Wiederbelebt in Nospelt: die Töpferei ▽

›Luxemburger Freundin, vielleicht der einzigen Europäerin jener Tage‹, die ›in ihrem der deutschen Grenze so (ungemütlich) nahen Schloß‹ wohne. Die Rede ist von Aline de Saint-Hubert, der Frau des Luxemburger Großindustriellen Emil Mayrisch, der 1926 das erste ›Europäische Stahlkartell‹ zusammengebracht hatte, in deren Schloß Colpach sich die besten europäischen Köpfe aus Politik und Wirtschaft, Kunst und Kultur versammelten: Paul Claudel, Karl Jaspers, Hermann von Keyserling, Walther Rathenau, Jean Schlumberger, und was sonst noch in Europa Rang und Namen hatte.
Das Schloß ist heute Stiftung, Genesungs- und Erholungsheim des Roten Kreuzes; dazu der Park mit seinem herrlichen Baumbestand. Kunst gesellt sich hier zur Natur: Plastiken von Bourdelle, Kolbe und Maillol sind aufgestellt, und über dem Grab des Stifterpaares sitzt sinnend Despiaus ›Jüngling‹.

Die sieben Schlösser

Die Eisch ist klein, aber wenn sie sich zwischen Eischen und Mersch eingräbt und Schleifen schlägt, wird ihr Tal eines der reizvollsten im Gutland. Sieben Schlösser, die man auf einem eigenen ›Pfad‹ erwandern kann, machen es zusätzlich attraktiv: Koerich, dann Simmern, Alt- und Neu-Ansembourg, Hollenfels mit seinem mächtigen Bergfried, abseits im Tal der Mamer Schoenfels und das Schloß von Mersch.

Das Dorf der Töpfer

Nospelt war einmal das Zentrum der Luxemburger Töpfer, und es schickt sich an, das gute alte Handwerk wiederzubeleben. In seinem Zeichen steht (zum Beispiel) die ›Emaischen‹ am Ostermontag, das traditionelle Zunftfest der Töpfer, an dem sie auch ›Péckvillercher‹ verkaufen, Tonvögelchen, die Trillerpfeifen sind. Diese sind in Luxemburg ebenso sprichwörtlich wie der Rat, der wählerischen Mädchen gegeben wird, denen kein Freier gut genug ist: ›Gei op Nouspelt an less Der ee baaken!‹

BASTOGNE (BASTENAKEN)
Wardin
Wiltz
VIANDEN
Deutsch-Luxemburgischer Naturpark
DIEKIRCH
Ettelbruck
Heiderscheid
Ö s l i n g
Forêt d'Anlier
Martelange
Perlé
Rédange
Useldange
MERSCH
G u t l a n d
ARLON
Steinfort
Mamer
Strassen
LUXEMBOURG
Hesperange
Athus
PÉTANGE
LONGWY
DIFFERDANGE
ESCH-SUR-ALZETTE
Schifflange
Bettembourg
DUDELANGE
Rumelange
VILLERUPT
M E U R T H E - E T - M O S E L L E
CATTENOM
Hettange-Grande
Maßstab 1:250.000
10 km

Wo gibt es was?

Fähnchennummer = Textnummer ℹ = Auskunft

Colmar-Berg ①

Fünf Burgen gab es einmal in der Gemarkung. Die erste Burganlage (um 1400) befand sich am Berghang in Berg, nunmehr Standort der heutigen großherzoglichen Residenz. Umbauten erfolgten im 18. und Mitte des 19. Jh. (als das Schloß in Besitz von Wilhelm III., dem niederländischen König und luxemburgischen Großherzog, kam) sowie von 1907 bis 1911. Beeindruckend der mächtige Hauptturm (65 m) inmitten der Parkanlagen.
Die Zeiten überdauerte auch das Schloß *Birtrange* (überwiegend 18. Jh.; Privatbesitz).
ℹ Gemeindeverwaltung L-7730 Colmar-Berg.

Mersch ②

Am Kreuzungspunkt dreier großer Römerstraßen stand vom 1. bis zum 4. Jh. die ›Villa Marisca‹. Heute ist Mersch nicht nur geografisch, sondern mit seinem ›Agrocenter‹ auch landwirtschaftlich Mittelpunkt.
Unweit der klassizistischen Kirche aus dem 19. Jh. (Eingang Rue des Romains) die Reste der Villa Marisca. In unmittelbarer Nähe das Schloß: ursprünglich eine Wasserburg (12. Jh.), die wechselnd vergrößert (14. Jh.), zerstört (1453), wieder instand gesetzt (16. Jh.), abermals zerstört (zweimal im 17. Jh.) und erneut restauriert wurde (um 1700, 1974). Gegenüber der Burg der Michelsturm (der ehemaligen Pfarrkirche, Zwiebelhaube 1707).
Gallo-Römisches auch in Richtung Luxembourg: Reste eines Heiligtums bei *Steinsel.* Und im Mamertal bei *Kopstal* vorgeschichtliche Höhlen.
ℹ Syndicat d'Initiative, Stadthaus, L-7501 Mersch.

Tuntange ③

Eine Sagenlandschaft – im Dreieck Marienthal–Hollenfels–Ansembourg kommen Himmel und Hölle zusammen: Im Geruch der Heiligkeit starb in Marienthal die fromme Yolanda von Vianden, dafür hatte es der Jäger von Hollenfels mit dem Teufel, und in Ansembourg verschlang die (Eisen-)Hütte im Tal die Burg auf dem Berg.
Marienthal wurde 1232 als Frauenkloster gegründet (1783 aufgehoben) und ist heute ein internationales Jugendzentrum (Gebäude aus dem 18. Jh.). Auch in *Hollenfels* versammelt sich die Jugend: Seit 1948 ist die Vorburg Jugendherberge; eine luxemburgische Rarität ist der fünfgeschossige Bergfried (14. Jh.). Eischaufwärts folgen Burg (12., 14. und 16. Jh.) und Schloß *Ansembourg* (17. und 18. Jh.), mit Barockportal und französischen (Terrassen-)Gärten. In *Schoenfels* im Tal der Mamer zeugt nur der Wehr- und Wohnturm (16. Jh.) noch von der verschwundenen Pracht.
In *Bour* an Pfingstmontag Auto-, Pferde- und Traktorensegnung vor der Kapelle und für die Weltfrommen das Restaurant »Janin«.
ℹ Gemeindeverwaltung L-7481 Tuntange.

Nospelt ④

Nahe der Hauptstadt, hinterm ›Bamboesch‹, liegt das alte (und allmählich wieder auflebende) Töpferdorf. Seit einigen Jahren gibt es in einem Atelier ein Töpfermuseum (geöffnet nachmittags außer montags zu Ostern sowie im Juli und August). Das traditionelle Zunftfest, die ›Emaischen‹, wird Ostermontag gefeiert, am letzten Sonntag im Juli ist der ›Tag des Handwerks und der Töpferei‹, am ersten Sonntag im August ›Altwarenmarkt‹.
Im Wald beim nahen *Goeblange* Überreste einer gallo-römischen Villa, im tausendjährigen *Mamer* (restaurierte) Reste römischer Thermen.
ℹ Gemeindeverwaltung L-8280 Kehlen.

Septfontaines ⑤

Sieben Quellen versammeln sich in der Dorfmitte zu einem Brunnen – daher der französische Name des auf Deutsch Simmern genannten Ortes. Das ›Tal der sieben Schlösser‹ ist auch die ›Wasserkammer‹ für den Süden des Großherzogtums.
Sehenswert die romanisch-gotische Pfarrkirche, 1316 und 1317 von Thomas von Simmern erbaut, in dessen Armen Kaiser Heinrich VII. drei Jahre vorher bei Siena gestorben war; ›Sieben Fußfälle‹ auf dem Friedhof. Nicht zu besichtigen ist die Ende des 11. Jh. gegründete Burg (um 1400 und 1600 ausgebaut, 1779 abgebrannt, seit 1957 teilweise rekonstruiert).
ℹ Gemeindeverwaltung L-8395 Septfontaines.

Koerich ⑥

Man kann hier gut mit einer Fahrt ins ›Tal der sieben Schlösser‹ beginnen, besser dürfte es aber sein, sie hier zu beenden … wegen Gaichel.
Koerichs Renommierstück ist nicht so sehr das erste Schloß im ›Tal der sieben Schlösser‹ – die Ruine der Grevenburg (14./16. Jh.) –, sondern seine Kirche (1727–1748) mit einer überragenden Barock-Ausstattung.
Gaichel verdankt seine Bekanntheit den »Bonnes Auberges«, und die sollte man den gastronomischen Grenzgängern aus Belgien nicht allein überlassen.
ℹ Gemeindeverwaltung L-8385 Koerich.

Colpach-Bas ⑦

Nahe der (heutigen) belgischen Grenze im Atterttal stand bereits im 14. Jh. eine Wasserburg, die mehrfach (zuletzt nach dem Ersten Weltkrieg) umgebaut wurde. 1886 weilte Franz Liszt hier.
Seine größte Rolle spielte Colpach jedoch, als es 1917 in den Besitz des Hüttenherrn Emil Mayrisch-de-Saint-Hubert kam. Das Ehepaar Mayrisch, überzeugte Europäer, empfing hier in den zwanziger und dreißiger Jahren die geistige und künstlerische Elite des Zwischenkriegs-Europas.
Seit 1946 gehört das Schloß als Stiftung dem Luxemburger Roten Kreuz. Im herrlichen Park – ›zum Park befriedete Natur‹ – ist eine Reihe auserlesener Skulpturen aus der ersten Hälfte des 20. Jh. versammelt: Maillols ›Pomona‹ darunter, ein ›Kauernder Jüngling‹ von Kolbe und der ›Sterbende Kentauer‹ von Bourdelle.

Useldange ⑧

Pilotprojekt der Denkmalpflege: Das charakteristische Dorfbild wurde wiederhergestellt; sehenswert vor allem der Dorfplatz mit modernem Kulturzentrum, die restaurierten Gehöfte in der ›Eweschtgaass‹ (18. und 19. Jh.) und die alte Gerberei an der Brücke. Überragt wird das Dorf vom 20 Meter hohen Bergfried (11. Jh.) und der Schildmauer der Burg.
Nordwestlich des Ortes ein Segelflugzentrum. In der Kirche von *Ospern* (Wehrturm 11. Jh., Schiff und Chor 1543) gotische Fresken und Rokoko-Mobiliar.
ℹ Gemeindeverwaltung L-8706 Useldange.

Boevange-sur-Attert ⑨

Gutland-Dorf im Tal der Attert. Südlich bei *Bill* großer gallo-römischer Grabhügel mit einer Ringmauer von 24 Meter Durchmesser. Ausgegrabene Opfergaben weisen in das frühe 3. Jh.
Benachbart die ›Helperknapp‹ (bei Fensterdal), eine alte Wallfahrt. Früher fand hier einer der bedeutendsten Märkte des Landes statt. Heute auf dem ›heiligen Berg‹ eine Kapelle (1900, mit Pietà aus dem 17. Jh.), ein Kreuzweg und ein Brunnen (1902), in dem schon der heilige Willibrord getauft haben soll.
ℹ Gemeindeverwaltung L-8710 Boevange-sur-Attert.

Alte Schmieden

In Esch wurde 1871 der erste Hochofen des Luxemburger Reviers gebaut. Vier Jahrzehnte später bekam die Stadt das größte Hüttenwerk vor die Tür: Belval. Die siebziger Jahre unseres Jahrhunderts brachten Rekordproduktion und Krise gleichermaßen. Esch blieb nicht verschont und zeigt dennoch – die Kulturarbeit als gutes Beispiel – eine erstaunliche Vitalität. Am Rathaus steht stolz der gleiche Satz wie am Fischmarkt in Luxemburg: ›Mir wölle bleiwe, wat mir sin.‹

Foto: Dampfend liegt die Fabrikanlage der Usine de Belval unterhalb des ›Zolverknapp‹.

n Land der Roten Erde

△ Im ›Land der Roten Erde‹: 1978 wurde der Tagebau eingestellt

△ Differdange: Wie lange noch ›Stadt des Eisens‹?

△ In Clemency und Ausgrabungen auf dem Titelberg ▽

Grubenmuseum: ›Abbau vor Ort‹ im ›Waalert‹-Stollen von Rumelange ▽

›Léiwfrächen‹: die Wallfahrtsstätte der Bergleute über Kayl ▽

Entdeckung der wahren Natur der Steine

Ein Geschichtchen steht am Anfang der modernen luxemburgischen Industriegeschichte. Es spielt im Jahr 1842 bei dem Dorf Esch im Tal der Alzette, dem ›Mauvaise Esch‹ (dem schlechten Esch), wie es noch im 18. Jahrhundert der armen, weil sumpfigen Region wegen hieß. Da soll auf einer Jagdpartie der französische Landvermesser Renaudin in einem aufgelassenen Steinbruch ›Baakuewesteng‹ gefunden haben, Steine, wie sie zum Bau von Backöfen verwendet wurden. Sofort habe er ihre wahre Natur erkannt und (in der Lëtzebuerger Fassung) ausgerufen: ›Ah meng léiw Jong, dat ass sech de la mine!‹ Er hatte die eisenhaltige Rote Erde, die schon von den Römern hier ausgebeutet worden war, wiederentdeckt!

<u>Das Jahrhundert der Roten Erde</u>
Für den Südwestzipfel Luxemburgs und für das ganze Land begann damit ein neues Zeitalter. 1871 wurde in Esch der erste Hochofen gebaut, 1911 das größte Stahlunternehmen des Landes gegründet: die Arbed. In immer neuen Wellen strömten die Arbeiter ins Revier, aus dem Ösling zunächst, dann aus halb Europa: aus Deutschland, Polen, Italien und Portugal.
In kurzer Zeit verwandelten sich die Dörfer über den Erzlagern, die sich wie die Finger einer Hand aus dem Lothringischen ins Land spreizten, zwischen Pétange im Westen und Dudelange im Osten, in Industriestädte. 1974 war der Höhepunkt erreicht: eine Rekordproduktion von 6,4 Millionen Tonnen Rohstahl. Dann setzte der Rückgang ein, und noch immer dauert die Krise.
Die alten ›Schmieden des Südens‹ haben, wie in Dudelange, längst ihre Museen. Eine jüngere Generation arbeitet, wie in der ›Kulturfabrik‹ im Schlachthaus von Esch, kritisch ihre Geschichte auf. ›Finger weg von unseren Schmelzen‹ steht auf den Escher Mauern.

△ Im ›Parc Merveilleux‹ von Bettembourg

△ Dudelanger Flohmarkt

Bildhauer in der Escher Kulturfabrik ▽

Ein Leckerbissen für Eisenbahnfreunde: Durch das Grubengebiet ›Fonds de Gras‹ von Rodange fährt der ›Train 1900‹ ▽

△ Dreiländereck: St. Donatus in Arlon, Differdange . . . ▽

. . . und ein Festungsdetail von Longwy ▽

Schönstes Denkmal: die Grube
›Minettsdäpp‹ nennt man – nicht gerade galant – die Leute im Revier. ›Minette‹, das ist das kleine Erz, und der ›Däpp‹ ist der Depp, der Tölpel. Der Spitzname wurde den ersten Bergleuten angehängt, die meistens Oberschlesier und durchaus nicht täppisch waren, das Wort ›däppig‹ jedoch nur allzugern für alles und wer weiß für wen verwandten. So hielt sich der ›Minettsdäpp‹ auch, als längst die letzte Schicht gefahren war. Im Rumelange, wo 1978 der letzte Tagebaubetrieb schloß, haben sich die ›Minettsdäpp‹ ihr schönstes Denkmal selbst gesetzt: mit dem Grubenmuseum. Sie brauchten dafür nur den 650 Meter langen ›Waalert‹-Stollen, der sich 90 Meter unter der Erdoberfläche befindet, offen zu halten. Als Ausstellungshalle wurde der Maschinenschuppen eingerichtet. Und fachkundigere Führer als (eben) die ›Minettsdäpp‹ fanden sich ja wohl nicht.

Im dritten Dreiländereck
Des einen Leid ist des anderen Freud': Seit in der Stahlkrise das Erz auf der Strecke blieb, bietet das ›Land der Roten Erde‹ mehr als nur die rauchgraue Mitgift: Es ist vielerorts wieder zu einem grünen Land geworden. Der ›Süd-Pfad‹ führt querdurch zu seinen Bergen, auf denen sich zudem eine ganzes Landesgeschichte in Augenschein nehmen läßt: zum ›Gehaansbierg‹, auf dem in frühgeschichtlichen Zeiten eine Kultstätte stand, zum ›Zolverknapp‹, der die älteste luxemburgische Burg trug, und zu Luxemburgs keltisch-römischem ›Pompeji‹, dem ›Tetelbierg‹.
Hinter den Bergen, nahe Rodange, liegt Lasauvage. Der kleine Ort an der Grenze wurde im Zweiten Weltkrieg zum Symbol, als hier die ›Passeure‹ heimlich Flüchtlinge aus dem besetzten Land brachten. Das ist heute Vergangenheit. Jetzt hat sich Luxemburg, wie hier nach Frankreich und Belgien, für alle seine Nachbarn geöffnet. Für die Gemeinschaft Europas gibt das kleine Land im Herzen Europas das große Beispiel.

BASTOGNE (BASTENAKEN)
Wardin
Wiltz
Doncols
Lutrebois
Sibret
Hompré
Harlange
Tarchamps
Bavigne
Nothum
Mecher
Kaundorf
Esch-sur-Sûre
Heiderscheid
Boulaide
Baschleiden
Lac de la Hte. Sûre
Barrage de la Hte. Sûre
Neunhausen
Insenborn
Lultzhausen
Heischtergronn
Eschdorf
Arsdorf
Bilsdorf
Bigonville
Tintange
Warnach
Radelange
Martelange
Wolwelange
Rambrouch
Koetschette
Schwiedelbrouch
Perlé
Holtz
Rodt-lès-Ell
Redange
Ell
Nagem
Ospern
Bettborn
Everlange
Useldange
Vichten
Grosbous
Mertzig
Ettelbruck
DIEKIRCH
Vianden
Bastendorf
Erpeldange
Schieren
Colmar
Mersch
Larochette
Meysembourg
Lintgen
Lorentzweiler
Steinsel
Heisdorf
Walferdange
Bereldange
Kopstal
Bridel
Strassen
Mamer
Bertrange
Capellen
Steinfort
Koerich
Goeblange
Nospelt
Kehlen
Hobscheid
Septfontaines
Saeul
Tuntange
Boevange-sur-Attert
Fischbach
Hunnebour
Schoenfels
Kleinbettingen
Hagen
Clemency
Dippach
Schouweiler
Bascharage
Sanem
Limpach
Reckange-sur-Mess
Leudelange
Pontpierre
Mondercange
Soleuvre
Mt Soleuvre
Ehlerange
Belvaux
Obercorn
PÉTANGE
Rodange
Lamadelaine
Niedercorn
DIFFERDANGE
ESCH-SUR-ALZETTE
Schifflange
Kayl
Rumelange
Tétange
DUDELANGE
Bettembourg
Crauthem
Roeser
Hesperange
Howald
Cessange
Hollerich
Merl
LUXEMBOURG
Bonnevoie
Itzig
Contern
Sandweiler
Senningerberg
Neudorf
Hamm
Dommeldange
Frisange
Aspelt
Hellange
Weiler-la-Tour
Syren
Altwies
Mondorf
ARLON
Stockem
Waltzing
Bonnert
Viville
Frassem
Autelbas
Weyler
Heinsch
Hachy
Habay-la-Neuve
Habay-la-Vieille
Étalle
Vance
Sampont
Chantemelle
Buzenol
Châtillon
St-Léger
Meix-le-Tige
Udange
Habergy
Bebange
Turpange
Messancy
Rachecourt
Aix-sur-Cloix
Aubange
Athus
Halanzy
Musson
Mussy-la-Ville
Bleid
Ethe
Gomery
Signeulx
Latour
St-Remy
LONGWY
Rehon
Mont-St-Martin
Longlaville
Lexy
Cutry
Haucourt-Moulaine
Hussigny-Godbrange
Villers-la-Montagne
VILLERUPT
Thil
Audun-le-Tiche
Russange
Ottange
Volmerange-les-Mines
Kanfen
Zoufftgen
Hettange-Grande
Aumetz
Tressange
Fontoy
Havange
Angevillers
Crusnes
Errouville
Morfontaine
Bréhain-la-Ville
Laix
Baslieux
Doncourt-lès-Longuyon
Longuyon
Pierrepont
Bazailles
Ville-au-Montois
Joppécourt
Serrouville
Fillières
MEURTHE-ET-MOSELLE
Cattenom
Roussy-le-Village
Breistroff
Evrange
Basse-Rentgen
Haute-Rentgen
Camp de Cattenom
Manom
Garche
Hettange
Basse Ham
Koeking
Forêt d'Anlier
Anlier
Vlessart
Louftémont
Behême
Heinstert
Nobressart
Thiaumont
Lischert
Metzert
Attert
Post
Nothomb
Parette
Witry
Fauvillers
Bodange
Wisembach
Strainchamps
Menufontaine
Winville
Volaiville
Remoiville
Hollange
Sainlez
Honville
Surré
Sûre
Vaux-sur-Sûre
Remichampagne
Salvacourt
Assenois
Jodenville
Chenogne
Senonchamps
Villeroux
Mande-St-Etienne
Hemroulle
Savy
Flamizoulle
Champs
Longchamps
Michamps
Arloncourt
Longvilly
Moinet
Troine
Allerborn
Hamiville
Boevange
Weicherdange
Oberwampach
Brachtenbach
Selscheid
Knaphoscheid
Eschweiler
Wilwerwiltz
Grumelscheid
Erpeldange
Noertrange
Winseler
Roullingen
Berlé
Alscheid
Merkholtz
Kautenbach
Schlindermanderscheid
Goebelsmuhle
Bourscheid
Michelau
Lipperscheid
Ringel
Dahl
Nocher
Kehmen
Scheidel
Welscheid
Bürden
Tadler
Merscheid
Niederfeulen
Oberfeulen
Dellen
Kuborn
Heispelt
Rindschleiden
Wahl
Grevels
Eschette
Buschrodt
Folschette
Hostert
Schandel
Vichten
Fensterdal
Reckingen
Pettingen
Beringen
Schoos
Rollingen
Gosseldange
Prettingen
Hunsdorf
Helmdange
Bofferdange
Imbringen
Eisenborn
Blaschette
Oberanven
Burglinster
Gonderange
Ernster
Altlinster
Godbrange
Junglinster
Hollenfels
Marienthal
Ansembourg
Keispelt
Meispelt
Dondelange
Greisch
Simmerschmelz
Roodt
Reichlange
Rippweiler
Niederpallen
Oberpallen
Colpach-Bas
Levelange
Huttange
Nordange
Calmus
Beckerich
Elvange
Schweich
Buschdorf
Schwebach
Guirsch
Gaichel
Eischen
Olm
Goetzingen
Kahler
Garnich
Holzem
Hivange
Fingig
Dahlem
Grass
Selange
Hondelange
Wolkrange
Toernich
Weiler-Arlon
Sterpenich
Schlewenhaff
Roedgen
Bettange-sur-Mess
Ehlange
Abweiler
Fennange
Livange
Peppange
Bivange
Berchem
Huncherange
Noertzange
Dudelange-Nord
Hellange
Gasperich
Fentange
Hassel
Medingen
Crauthem
Elsing
Zoufftgen
Gintzeberg
Molvange
Escherange
Nondkeil
Bure
Rochonvillers
Otrange
Audun-le-Tiche
Tiercelet
Chenières
Fermont
Montigny-s-Chiers
Cons-la-Grandville
Braumont
Viviers-s-Chiers
Revémont
Ugny
Villers-la-Chèvre
Fresnois-la-Montagne
Tellancourt
Allondrelle
La Malmaison
St-Pancré
Gorcy
Cosnes-et-Romain
Baranzy
Ruette
Grancourt
Villancy
Houdemont
Nantimont
Fratin
Saint-Mard
Virton
Noërs
Arrancy-s-Crusne
Constantine-Ferme
Sorbey
Han-devt-Pierrepont
Boismont
Beuveille
Cruscene
Deutsch-Luxemburgischer Naturpark
Hosingen
Hoscheid
Consthum
Holzthum
Putscheid
Merscheid
Stolzembourg
Landscheid
Brandenbourg
Tandel
Fouhren
Walsdorf
Longsdorf
Ammeldingen
Bettendorf
Moestroff
Gilsdorf
Ingeldorf
Keiwelbach
Eppeldorf
Ermsdorf
Savelborn
Medernach
Stegen
Nommern
Cruchten
Schrondweiler
Oberglabach
Heffingen
Angelsberg
Altrier
Mullerthal
Tarchamps
Ösling
Gutland
Esch-sur-Sûre
Maßstab 1:250.000
0 2 4 6 8 10 km
16
23
70
80
E 25
E 411
E 44
E 421
A 4
A 6
A 1
A 3
A 13
A 28
A 31
N 52
N 43
N 18

Wo gibt es was?

Fähnchennummer = Textnummer ➊ = Auskunft

Pétange ①

Wie viele andere ehemalige Bauerndörfer im Süden Luxemburgs auch zu einer Industriestadt aufgeschossen.
Am Mittfastensonntag zieht der ›Peitenger Wand‹ durch die Stadt, eine große Masken- und Kostümparade. Vom 1. Mai bis 1. Oktober hat an Sonn- und Feiertagen nachmittags der ›Train 1900‹, die gute alte Dampfeisenbahn, ›Fahrzeit‹. Sie fährt durch das frühere Grubengebiet des ›Fond de Gras‹ bei *Rodange.* Luxemburgs bedeutendste Ausgrabungsstätte steht darüber, der ›Tëtelbierg‹ (Titelberg): Im 1. Jh. v. Chr. befand sich hier ein großes keltisches Oppidum (Wallanlagen von 3 km Länge), danach, vom 1. bis ins 5. Jh., ein gallo-römischer Vicus.
➊ Stadtverwaltung L-4700 Pétange.

Sanem ②

Auf dem ›Zolverknapp‹ (Mont de Soleuvre, 422 m) stand die älteste Burg des Landes (794 bereits als Kastell erwähnt). 1552 wurde sie zerstört, geblieben ist (bis auf einen Brunnen) so gut wie nichts, die Natur hat sich den Zeugenberg wieder zurückerobert (herrlicher Rundweg!). Sehenswert sind in Sanem selbst Park und Schloß (älteste Teile 13. Jh.; heute Escher Kinderheim). Im *Mondercange* (Monnerich) Barockkirche (1738–1752, mit reichhaltiger Ausstattung und Zwiebelhaube). In *Bascharage* (Niederkerschen) eine der größten Bierbrauereien Luxemburgs: die ›Brasserie Nationale‹ (Besichtigung auf Anfrage).
➊ Gemeindeverwaltung L-4401 Belvaux.

Differdange ③

Die ›Stadt des Eisens‹, im Tal der Korn (Chiers) gelegen, von (eisenhaltigen) roten, bewaldeten Hügeln umgeben. Als letzte der luxemburgischen Gruben wurde ›Thillenberg‹ in Differdange 1981 geschlossen. (Immer wieder trifft man in der Umgebung auf Ruinen ehemaliger Erzgruben; um Unfällen vorzubeugen, sollte man die markierten Wege nicht verlassen.)
In der Stadt selbst besitzt der Park Gerlache eine prächtige Blumenuhr. Das Renaissanceschloß (Mitte 16. Jh.) ist heute ›Casino‹. Teile des alten Zisterzienserinnenklosters (schlichter Barock, 18. Jh.) sind in das ›Hospice Civil‹ einbezogen. Das Arbed-Stahlwerk kann, auf schriftliche Anfrage, jeden Mittwoch besichtigt werden. Des weiteren gibt es eine Sporthalle und das Kulturzentrum ›Marcel Noppeney‹.
➊ Stadtverwaltung L-4501 Differdange.

Esch-sur-Alzette ④

Hauptstadt des Industriereviers und Luxemburgs zweitgrößte Stadt (25000 Einwohner, Tendenz eher rückläufig). Die Anfänge liegen in vorrömischer Zeit. 1292 erhielt die Siedlung Stadtrecht und wurde 1671 zur offenen Stadt erklärt (Torturm des Berwart-Schlosses von 1621 erhalten). Mitte des 19. Jh. begann (nach der Errichtung des Eisenbahnnetzes) mit der Ausbeutung der Eisenerzlager der wirtschaftliche Aufschwung; er dauerte über 100 Jahre an. Trotz der ›Misère des Minettes‹ ist die Stadt jedoch lebendig und aktiv geblieben. Seit 1962 gibt es an der Place du Brill das neue Städtische Theater; eine Kunstgalerie ist ihm angeschlossen. Im ehemaligen Schlachthof entstand die alternative ›Kulturfabrik‹, deren ›Theater GmbH‹ ganz Luxemburg aufregt. Zwei Museen sind dem Widerstand während der Okkupation (Place du Brill) und der Lokalgeschichte (Rue de Faubourg) gewidmet (geöffnet donnerstagnachmittags).
»Au Bec Fin« (Place N. Metz 15) und in der »Auberge Royale« (Rue de Remparts 19) kann man sich gütlich tun. Über der Stadt steht, die schönste grüne Zuflucht, der ›Galgebierg‹.
➊ Stadtverwaltung L-4004 Esch-sur-Alzette.

Rumelange ⑤

Die ›Stadt der Roten Erde‹ war ein Jahrhundert lang Zentrum des Luxemburger Eisenerzbergbaus. Der letzte (Tagebau-)Betrieb schloß 1978. Der 650 Meter lange ›Waalert‹-Stollen wurde als Grubenmuseum eingerichtet (geführte Besichtigungen jeden Nachmittag ab Ostern bis Oktober, sonst am zweiten Wochenende im Monat).
Interessante Rundwanderungen durch das frühere Tagebau- und Grubenrevier und nach *Kayl:* Dort sind das Nationale Bergarbeiterdenkmal und die (200 Jahre alte) Wallfahrt ›Léiwfräché‹ (Zu unserer Lieben Frau) zu finden.
➊ Stadtverwaltung L-3710 Rumelange.

Dudelange ⑥

›Schmiede des Südens‹: 1882 und 1885 die ersten Hochöfen; 1886 wurde das die Luxemburger Eisenindustrie revolutionierende Thomas-Verfahren (Stahlgewinnung aus phosphorreichen Erzen) hier zum erstenmal angewandt (›Museum des Hüttenwerks‹, Stahlwerke können freitags nach vorheriger Anmeldung besichtigt werden).
Das Stadtmuseum (täglich, außer montags, geöffnet) liegt in der Rue Dominique Lang. Lang (1874–1919) schuf den Kreuzweg in der neugotischen Pfarrkirche. Beim ›Parc Le'h‹ das empfehlenswerte gleichnamige Restaurant.
Vor der Stadt, flankiert von ›Gehaansbierg‹ (Johannisberg mit Ruinen einer uralten Kultstätte und eines ›gewaltigen Castells‹) und ›Ginzebierg‹ (RTL-Fernsehturm), der (240 ha große) Naturpark ›Haardt‹.
➊ Stadtverwaltung L-3401 Dudelange.

Bettembourg ⑦

Das erste Schloß stand an der Stelle der heutigen Pfarrkirche; Mitte des 17. Jh. war es nur noch ›ein steinhauffen‹. 1733 und 1734 wurde das zweite, das heutige, erbaut; Staat macht man allerdings auch nicht mit ihm. Dafür hat man seit 1956 den ›Parc Merveilleux‹ mit Miniaturdorf, -zug und Zoo und vor allem mit kleinen Theaterchen, auf denen (per Tonband) europäische Märchen vorgeführt werden.
Am Eingang des Parks beginnt der ›Südpfad‹, der längste Wanderweg des Großherzogtums (73 km). Er führt nach Rodange quer durch das ›Land der Roten Erde‹.
➊ Stadtverwaltung L-3201 Bettembourg.

Grenzgänge im Dreiländereck

Das dritte (südwestliche) ist das merkwürdigste unter Luxemburgs Dreiländerecken. Denn hinter der Grenze beginnt ein zweites Luxembourg, diesmal nur unter belgischer Flagge und dazu noch größer als das (heutige) Großherzogtum. Ein Blick zurück klärt auf: 1839 wurde Luxemburg zum drittenmal geteilt, diesmal zwischen den Niederlanden (denen Luxemburg in Personalunion verbunden war) und dem sich von den Niederlanden abgespaltenen und neu formierten (Königreich) Belgien. Hauptstadt der belgischen Provinz ist *Arlon,* das seine Gründung im 3. Jh. als römisches ›Orolaunum‹ erlebte. Im Mittelalter kontrollierten die Grafen von Arlon von ihrer Burg aus den vorbeiführenden Handelsstrom. Und auch heute ist die Stadt wichtiger Verkehrsknotenpunkt. Sehenswert sind die Kirche St. Donatus (17. und 18. Jh.), die beiden der römischen Vergangenheit gewidmeten städtischen Museen (Thermen aus dem 1. Jh., Befestigungen aus dem 3. Jh., Basilika aus dem 4. Jh.) sowie das archäologische Provinzmuseum.
Daß man in diesem Dreieck nur schwer aus der Industrie herauskommt, dokumentiert das französische *Longwy.* Dort hockt die Festungsstadt über einer Fabrikstadt.

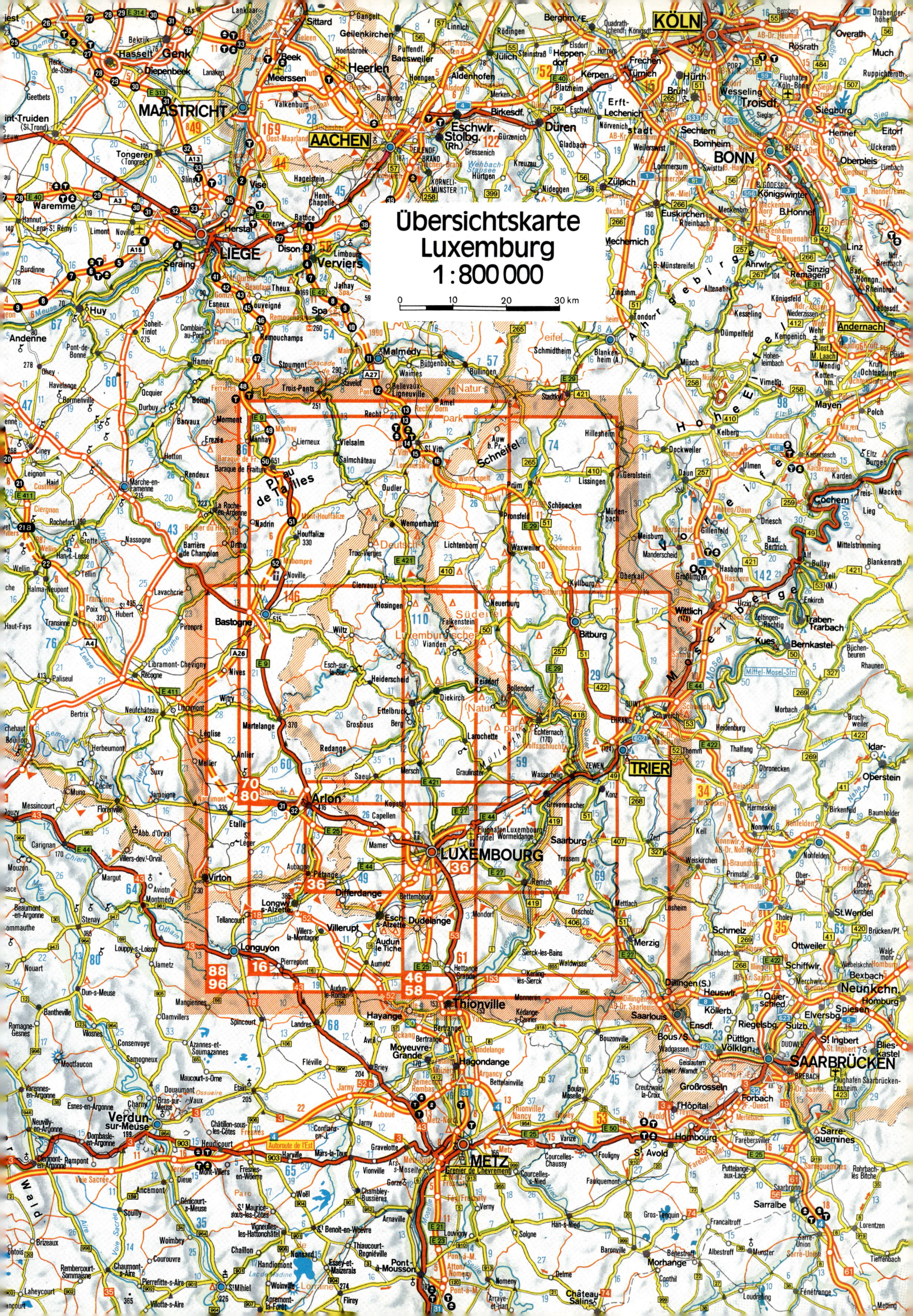
Übersichtskarte
Luxemburg
1:800 000
0
10
20
30 km
KÖLN
AACHEN
BONN
MAASTRICHT
LIÈGE
Verviers
Heerlen
Düren
Hasselt
Genk
Tongeren
Huy
Bastogne
Arlon
LUXEMBOURG
Esch-s-Alzette
Dudelange
Differdange
Thionville
TRIER
Bitburg
Wittlich
Saarburg
Merzig
Saarlouis
SAARBRÜCKEN
Neunkchn.
METZ
Verdun-sur-Meuse
Longwy
Longuyon
Virton
Malmedy
St. Vith
Prüm
Daun
Cochem
Andernach
Siegburg
Troisdf.
Euskirchen
Zülpich
Spa
Seraing
Stolbg. (Rh.)
Eschwlr.
Homburg
St. Wendel

Inhaltsverzeichnis